网络与新媒体专业“十四五”规划教材

智能媒体导论

安琪　刘庆振　许志强 ▶ 编著

ZHINENG
MEITI
DAOLUN

中国传媒大学出版社
·北京·

前　言

随着大数据、深度学习、人工智能等技术的发展，智能算法已经渗透到传媒产业从内容生产到信息分发的每一个环节，我们已经来到了智能媒体时代。虽然学术领域和精英人士对智能媒体时代的推荐系统和算法的价值观问题还抱持着强烈的批判态度，同时其本身也确实存在这样那样还有待完善的问题，但是任何一个传媒产业的从业者，无论是传统媒体人还是新媒体人，都要彻底摒弃对不了解的东西心怀恐惧的心理，主动地去了解大数据、人工智能、机器算法、推荐系统等正在颠覆传媒产业的各种新技术、新思维、新方法和新逻辑。媒体人只有不断地提升自己的认知水平，才能够在如火如荼的推荐算法、智能媒体、计算传播学浪潮中作出相应的改变甚至革命，从而使自己的能力与时代的变化保持高度同步。

整理本书的目的不是为了简单介绍智能媒体的产品和技术，而是希望提供一个面向媒体、传播、广告、营销、内容等领域的新视角。出于这样的目的，本书在核心内容的组织上包括以下三个部分：

第一部分是对智能媒体时代的一些重要技术、智能媒体内涵以及新的传播理念和逻辑的介绍，包括第一章、第二章和第三章。技术是智能媒体发展的前提，也是我们理解智能媒体时代传播理念和逻辑的基础，因此，在进入智能媒体新世界之前，我们十分有必要对这些或已广泛应用或正在崛起的新技术有所了解。而对智能媒体内涵的讨论则可以帮助读者从概念、特征、趋势和产业层面对智能媒体新时代形成一个较为宏观的认识，进而去理解智能媒体时代的传播理念和逻辑。

第二部分对智能媒体语境下的传播、广告、营销、内容和数据资产等进行了讨论，包括第四章、第五章、第六章、第七章和第八章。智能媒体的发展给社会各个方面带来了深刻变革，而传播范式、广告形式、营销方式、内容模式和数据资产管理则是与新闻传播专业最密切相关的几个重要方面，因此本书着重从上述五个方面展开，为读者呈现智能媒体时代的典型特征，揭示现象背后的历史沿革及逻辑基础。

第三部分对智能媒体时代的算法进行了批判性思考，并对智能媒体时代的未来进行了展望，包括第九章、第十章和第十一章。我们身处一个算法无处不在的世界，算法已经成为智能媒体时代的生产力核心要素；未来，人类和算法也势必将处于一种共栖共生的关系当中。因此，对于算法中的伦理问题、偏见问题，我们必须有所反思、有所回应。最后，对全书内容进行总结，在智能媒体的语境下，重新解读媒体、传播和广告。

目录 contents

第一章　数字时代信息技术的创新

1969 年 10 月 29 日，美国 UCLA 的一台计算机与某研究所的另一台计算机进行了“对话”，这是互联网发出的第一声。经过半个多世纪的发展，互联网不断革新，已经在各个领域获得普遍运用并成为信息基础设施。伴随大数据、云计算、物联网、5G、人工智能、VR/AR、生物识别、区块链等技术的引入与创新，当前的互联网应用已突破其设计之初单一的数据业务，成为一个包罗万象的底层系统，延伸至社会生产生活的方方面面，开启了一个面向未来的智能时代。

第一节　大数据和云计算

《经济学人》在 2017 年的一篇封面文章中将数据定义为“数字时代的石油资源”，数据对智能媒体发展的意义不言而喻。

大数据（big data）是一种规模大到在获取、管理、分析方面大大超出传统数据库软件工具能力范围的数据集合。假设把大数据看作特定的产业，要想使该产业在运营和发展的过程中获得收益，那么，就必须对数据信息的处理能力有足够的重视，也正是在这个过程当中，数据信息的基本价值和作用才会全面彰显出来。从现在的实际情况来看，业界对其有着不同的观点和看法。但不可否认的一点是，大数据如果仅仅从“4V”［Volume（海量）、Velocity（高速）、Vast（空间）、Variety（多样）］等方面表现其“大”量，则难以发挥出其应有的基本作用，它的重点在于如何转化这些数据并使其成为“智能数据”，正是因为如此，还需要加入“3V”［Value（价值）、Veracity（真实）、Visualize（可视化）］的运用。[①] 整体上看，互联网大数据的典型代表包括：用户行为数据（精准广告投放、内容推荐、行为习惯和喜好分析、产品优化等）、用户消费数据（精准营销、信用记录分析、活动促销、理财等）、用户地理位置数据（O2O 推广、商家推荐、交友推荐等）、互联网金融数据（P2P、小额贷款、支付、信用、供应链金融等）、UGC 数据（趋势分

① 许志强，王家福，刘思明. 物联网+大数据：数字媒体变革的思考与未来媒体进化［J］. 电视研究，2017，11（336）：43-46.

析、流行元素分析、受欢迎程度分析、舆论监控分析、社会问题分析等)等。数据挖掘和文档理解研究依托于海量内容,专注于主题聚类分析、信息分类、非结构化知识抽取、文本理解和热点追踪等技术研究。目前,通用性的数据分析行业主要有数据分析、数据分析可视化、大数据检索,以及延伸出的数据服务平台、商业智能分析及大数据预测与咨询这六大类业务。

从某种程度上来说,数据是现实世界在虚拟世界的一个"映像",可以通过数据挖掘对"虚拟映像"进行分析,使得隐藏在数据背后的信息、知识不断显现。"未来的新石油"是对大数据的美誉,它正推动着从 IT(Information Technology,信息技术)到 DT(Data Technology,数据技术)的革新和发展,从而为人类提供更多的资源。从我国的实际情况来看,相关职能部门能够更加便捷地进行各种数据的获取,包括人口数据、物流数据、气象数据、信用数据以及消费数据等。这一系列的数据在每个政府部门里面看起来是单一的、静态的,但若政府部门能够通过相互协作,对这些数据进行综合运用,严格进行关联分析与统一管理,那么,这一系列的数据必将进一步彰显其价值。

现在,我们接收的信息来自智能手机和工业设备的传感器、数字照片和视频、源源不断的社交媒体信息流和其他应用软件,数据的丰富程度前所未有,世界上 90%的数据都是过去两年涌现的,可以说人类现在的生存就是一场数据化生存。未来 30 年,数据将成为生产资料,计算是生产力,互联网是生产关系。

2017 年 12 月,中共中央政治局就实施国家大数据战略进行了第二次集体学习,中共中央总书记习近平在此次学习中强调:要集中优势资源突破大数据核心技术,加快构建自主可控的大数据产业链、价值链和生态系统;要加快构建高速、移动、安全、泛在的新一代信息基础设施,统筹规划政务数据资源和社会数据资源,完善基础信息资源和重要领域信息资源建设,形成万物互联、人机交互、天地一体的网络空间。至此,"国家大数据战略"定位提升,充分凸显了中共中央对大数据发展的高度重视。

云计算(cloud computing)是一种通过互联网以服务的方式提供动态可伸缩的虚拟化资源(包括网络、服务器、存储、应用、服务等)的计算模式。简单来说,云计算是未来信息技术的一种主要架构。云端通过集中的资源提供各种服务,各种终端通过互联网接入使用,而不是原来各自维护自己的基础架构。通常来讲,云计算具有按需自助服务、广泛的网络接入、快速弹性、资源池以及按使用量计费的服务等主要属性,具备混合云、私有云、社区云及公共云四种部署模式,同时包括 SaaS(Software as a

Service,软件即服务)、PaaS(Platform as a Service,平台即服务)和 IaaS(Infrastructure as a Service,设施即服务)三种服务模式(如图 1-1)。

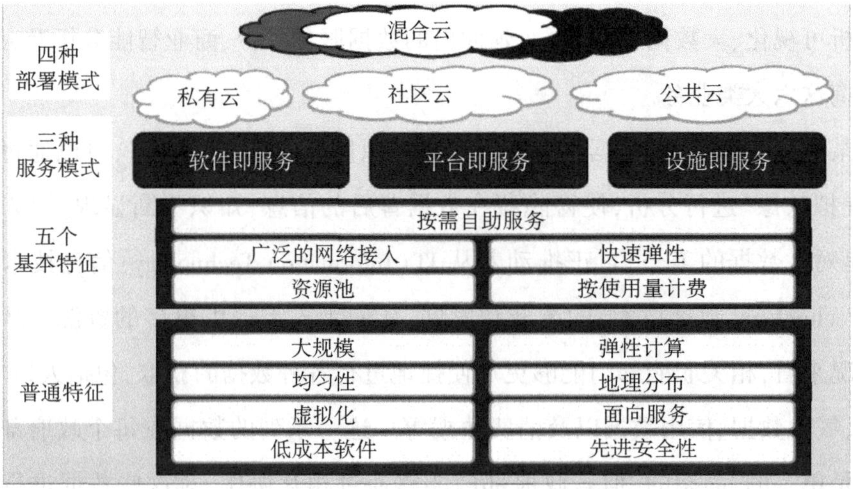

图 1-1　云计算的基本概念

云计算作为新信息基础设施的核心,其主要思想是把计算基础设施转变为商品进行流通,使得用户能够按照需求获取信息服务、存储空间和计算力。云计算将使未来的互联网变成超级计算的乐土,技术发展加速了传统的"计算机+软件范式"向"云计算+数据模式"的转型升级。在云服务模式下,可以统一资源,既能避免重复投资和资源浪费,又能打破原有的信息孤岛,实现计算和存储资源的集中;可以统一应用,使得各项先进技术的优势作用更加充分全面地发挥出来;还可以统一数据,为用户提供不同终端数据的同步和共享,实现数据大集中与数据资产的再利用。

第二节　物联网和可穿戴设备

物联网(IoT,Internet of Things)是新一代信息技术的重要组成部分,就是通过 RFID 以及传感器等相关设施,依据约定的规则和要求,将互联网和产品进行有机对接,形成智能化运行的一种网络。在进行物联网发展建设的过程中,所有的物品都能够通过互联网进行查询、管理以及控制,关注网络计算、汇聚、连接、通信、收集以及内容等,强调认知并主要体现在"8A"服务方面——Anytime(任何时间)、Anywhere(任何地点)、Anybody(任何人)、Anything(任何事件)、Any service(任何服务)、Any content

(任何内容)、Any device(任何设备)以及 Any connection(任何网络)。

物联网是一种建立在互联网上的具有自学习、自诊断和自补偿能力、复合感知能力的泛在网络,是各种感知技术的广泛应用,其按某种协议把物品与互联网相连接并进行信息交换和通信,用户端可扩展到任何物品当中并能展开信息的共享,也就是通常所说的物物相息。物联网是在互联网基础上的延伸和扩展,从根本上来讲,物联网是和互联网紧密相关的业务以及具体应用,是物物互联或物与人互联的信息传递。物联网既能够使得人和人之间实现连接,还能够使得物和物之间实现连接,使得现实世界和虚拟世界实现连接,为各个产业的顺利发展提供数据信息的支持和帮助。

物联网的出现离不开无线通信、智能设施、处理器等不同领域在过去十年间获得的极为迅速的革新与升级。从发展趋势上看,物联网的发展可分为时间(time)、地点(place)与物件(thing)三个维度,其依托云服务平台和互通互联的嵌入式软件增加用户连接,增强用户体验。物联网时代,数据替代用户和入口,成为新的经济增长点。

所谓可穿戴设备,指的是对能够直接穿戴的衣物进行综合使用,借助数据信息沟通与交流以及内置软件等,对用户形成相应作用的小型电子元件。可穿戴设备存在十分强大的数据搜集能力,能够将人类生活、运动、身体、思维等信息数据化,是探索人和科技全新的交互方式,并通过准确定位以及感知用户的基本诉求,形成科学合理的数据计算结果,让用户能获得更为理想的针对性服务。同时,可穿戴设备通常具备持续性(constancy)、增强(augmentation)以及介入或调解(mediation)三种特征和非限制性(unrestrictive)、非独占性(unmonopolizing)、可察觉性(observable)、可控性(controllable)、环境感知性(attentive)以及交流性(communicative)六个基本属性。2012 年,因谷歌眼镜的亮相,被称作“智能可穿戴设备元年”。

随着各项技术逐步革新与升级,可穿戴智能设备的功能变得更为强大,能够为使用者提供更为优质的服务。依据基本功能的差异性,能够将智能穿戴设备产品划分成运动健康类(如智能手环等)、信息资讯类(如智能手表等)、体感交互类(如智能眼镜等)以及医疗健康类(如体测腕带等),所有设备的设计与运用都根据细分市场以及消费者来安排。在这种情况下,服务的供给变得更加有针对性和目的性,更好地迎合了消费者的消费诉求。可穿戴设备不仅仅是一种硬件设备,更是一种传统事物的升级,将改变现代人的生活方式与感知。在这种模式之下,苹果手表等产品逐步发展成人体的重要组成部分。随着时间的推移,也许仅仅需要在人体内进行手机芯片的植入,就能够通过手机的上网服务功能进行订餐等，为人们提供更多的便利。同时，可穿戴设备未来将向便利化、娱乐化与健康化三个维度发展，并有将这三个维度融合化的趋势。IDC 数据显示，2020 年全球可穿戴设备出货量为 4.447 亿部，同比上升 28.4%。①

第三节 5G、下一代互联网（NGI）和 OTT

5G，全称 5th Generation，即第五代移动通信，是 IMT（国际移动通信）的下一阶段，ITU（国际电信联盟）将其正式命名为 IMT-2020。蜂窝移动通信从模拟通信（1G）到目前已经普及的 LTE（4G），经历了从模拟到数字技术、语音到数据业务的演进，实现了“人与人”“人与信息”互联，网络峰值速率从 2G 时代的 100Kbps 到 4G 时代的 1Gbps，实现了万倍的增长。在通信的速率与延时方面，4G 已经满足大多数需求，如远程遥控、灾情警报、个人云端、高清视频等，但其在带宽、时延、功耗、移动性、安全性、连接数等方面还有较大的局限，需要 5G 时代的通信速度和响应速度来满足，比如超高清 AR/VR、远程医疗、无人驾驶、垂直行业应用等物联网应用场景。5G 与 4G、3G 不同，除了继续提升人与人之间的增强型移动宽带（eMBB），还增加了超高可靠低时延通信（uRLLC）和海量机器通信（mMTC）两个应用场景，能满足用户对速率、流量密度、连接数密度、时延、可靠性等方面的要求。从技术的角度来说，5G 是在 4G 的基础上的升级、演进；但从移动通信对经济社会影响的角度来看，5G 有望使移动通信技术成为一种新的“通用性基础技术”。根据爱立信（Ericsson）最新的《移动趋势报告》，5G 将成为全球部署最快的移动通信技术，到 2024 年，5G 将覆盖全球 45%以上人口，5G 用户数将增至 19 亿，并且 5G 网络将承载全球 35%的移动流量。② 普华永道的报告显示，目前，中国 5G 网络处于规模建设的中期，5G 商用对经济社会的影响主要体现在投资拉动和终端消费牵引。放眼未来，5G 将开启数字经济新篇章，以 5G 为代表的新型信息通信基础设施不仅将进一步拉动信息消费，还将成为社会信息流动的主动脉，进一步促使智能连接、云网融合贯穿到各行各业，充分释放数字对经济发展的倍增作用。预计至 2030 年，5G 应用将为全球 GDP 带来 1.3 万亿美元的增长，其中，5G 对中

① 张梓桐. IDC 发布 2020 年全球可穿戴设备报告：全年整体出货量为 4.447 亿部，同比上升 28.4%[EB/OL].（2021-03-16）[2021-09-25]. https://www.jiemian.com/article/5814990.html.

② 2024 年 5G 将覆盖全球 45%以上的人口 5G 用户数将增加至 19 亿[EB/OL].（2019-10-10）[2021-09-25]. http://m.elecfans.com/article/1089312.html.

国经济的影响为 2,200 亿美元。医疗保健、智能公用事业、消费者与媒体、工业制造和金融服务这五大行业都将从 5G 技术中获得显著收益。①

可以预见,5G 将成为继蒸汽机、电力、汽车、互联网之后的新通用技术,5G 的三大特点(超高速率、超低时延、超大连接)和万物互联的应用场景将成为驱动下一个 10 年信息产业和社会经济发展的巨大引擎。事实上,5G 网络在 1 平方公里内,可以同时接入 100 万个网络连接而不会延迟卡顿。所以,如果说 4G 改变的是人类生活,5G 将会改变社会,因为它能够真正实现人与设备之间的相互连接,让整个世界都变成一种"在线"状态。若 1G 代表大哥大时代,2G 代表短信时代,3G 代表照片时代,4G 代表视频时代,那么即将到来的 5G 将是面向全新业务、智能生活、智能生产的网络变革的万物互联时代。

5G 为丰富智能产品种类、实现万物互联提供了可能,信息的传播渠道将会更加宽阔顺畅,在接下来的几年中,每一家媒体机构都应在 5G 网络出现后紧跟浪潮,例如在视频分发和内容投资上,以新的方式进行思考。

下一代互联网(NGI,Next Generation Internet)是为解决传统的基于 IPv4(互联网协议第四版)的互联网面临的系列问题而提出的,指的是比现行的互联网具有更快的传输速率、更强的功能、更安全和更多的网址,能基本达到信息高速公路计划目标的新一代互联网。从技术上看,NGI 逐步演变成便捷、迅速、程序合理、能够支持不同业务的综合网结构,且具备便于管理和控制等一系列优点。

对基于但不限于 IPv6(并不排斥与 IPv4 并用和互通,还可能增加移动 IP、带宽管理等协议能力)的 NGI 目前还没有严格的定义,但从一些国家和地区已经开展的 NGI 试验来看,NGI 将秉承互联网的三项基本原则——无缝连接、端到端和尽力而为。目前,国际上公认美国的 Internet2 项目、AMBIENT 项目,欧洲的 GEANT2、TENT2 项目、FIRE 项目,亚太的 APAN 项目,韩国的 FIF 项目和中国的 CNGI 项目等都是面向 NGI 的研究试验项目。显然 NGI 的目标仅定位在对现有互联网的改进,在技术路线上不会有革命性的变化。

OTT 是"Over The Top"的缩写,就是借助互联网为使用者提供不同运营服务的供给。OTT 用户人群主要集中于 25~40 岁,整体呈现高收入、高学历、高消费的"三高"

① 普华永道. 5G 对全球经济的影响:中国报告[EB/OL].(2021-07-04)[2021-09-25].https://mp.weixin.qq.com/s?__biz=MjM5NjAxMzgwMA==&mid=2651675603&idx=4&sn=167465a875e43be322702967147520bd&scene=21#wechat_redirect.

特点,喜爱轻松、有情调以及健康休闲的活动氛围,符合社会中坚力量人群特征。目前,典型的OTT业务有互联网电视业务、移动业务与各种移动应用商店等。

OTT TV内容传输的主要介质就是公共互联网,在获得国家广电行政部门许可的情况下,播控平台顺利建立起来,为国内所有的使用者提供点播等业务服务,满足使用者对各种数据信息服务的实际诉求。相对于传统电视,OTT TV还具有收视资源丰富、资助点播、广告到达率高等特点。目前,我国OTT TV牌照有7张,包括中央广播电视总台、百视通、湖南广电等。“电视+数字”的天然属性,支持OTT TV多种商业化模式:在广告赢利方面,OTT TV广告资源较传统电视更丰富,其基于大数据的精准推送和效果监测,对视频内容的长尾消费和广告效果的提升产生了正向影响;在内容付费方面,OTT TV的运营主体都已建立付费会员体系,会员支付会费即可享受差异化内容和服务;在电视电商方面,OTT TV展示的广告同时也是电商入口,从而缩短了广告到销售的转化路径;在增值服务方面,OTT TV基于家庭的智能服务(虚拟社区、家庭娱乐、生活收费、医疗保健、教育培训等)的扩展功能,使用户为互动应用付费成为可能。OTT TV未来将会以人为核心朝着开放、互动、多服务发展,摆脱软硬件限制,实现云端化;通过家庭大屏和个人小屏实现OTT设备交互跨屏。

第四节　人工智能(AI)和深度学习

AI是对人的意识和思维过程的模拟,机器人、图像识别等为其典型应用形态,主要分为三个层次:感知、理解和行动。AI本质上是具有类人智能的机器,能够替代人类完成任务,提升效率,解放人类劳动力。AI从出现之后,相关技术逐渐实现革新与升级,理论研究更加深入全面,能够预知的是,今后人工智能会是人类智慧的集中体现。比如:让机器像人类一样思考(人机对弈、机器学习、自动推理和搜索方法、人工意识、知识表示等)、让机器像人类一样听说(语音识别、说话人识别、机器翻译、语音合成、人机对话等)、让机器像人类一样看懂(图像识别、人脸识别、虹膜识别、文字识别、车牌识别等)以及让机器像人类一样行动(智能机器人、无人驾驶汽车、无人机等)等。与互联网、移动互联网一样,AI是基础能力,它将融入现有的生产生活,影响到所有和数据相关的领域。

未来,互联网将逐步回归计算本源,进一步解放人脑的AI将成为信息产业探索的重心。从阶段上看,AI分为计算智能、感知智能与认知智能三个阶段,其技术层方面的研究主要集中在计算机视觉、自然语言处理以及机器学习等方面。目前,AI终于能像人类一样学习,并通过了图灵测试。数据科学平台公司Lmidatum创建的系统还可以及时提供意见,改善客户支持服务。多家公司都利用AI决定执行华尔街的交易,更多信贷决策都会借助AI。亚马逊用机器学习优化库存,提高给客户推荐产品的准确率。Infinite Analytics公司开发的AI系统能够预测用户是否愿意点击某个广告,从而帮助某全球消费性包装品公司,提高线上广告投放精准度。该公司开发的另一AI系统,帮助某快消品公司改善巴西在线零售商网站的客户搜索和发现流程。

人类所知远胜于其所能言传。我们具备的多数知识是不言而喻的,也就是说,我们无法解释清楚这些知识的内容和获取方式。为什么我们现在才突然看到AI在众多领域的突破性发展?以下三个因素可说明症结所在:数据大量增加;算法进步显著;计算机硬件性能得到巨大提升。随着人类社会的各类设备在不停地感知、传输、存储数据,大数据呈现指数级倍增。在过去20年中,应用软件中的数据可用性增长了1,000倍,关键算法改进了10~100倍,硬件速度至少提高了100倍。谷歌DeepMind联合创始人尚恩·莱格(Shane Legg)称,现在一个TPU一天处理的数据,1990年的80486微处理器需要处理25万年才能完成,这相当于速度又提升了10倍。数据是观察世界的桥梁和知识的载体,决定着AI从云到端的必然发展趋势。在收集到数据之后,技术层所做的事就是模拟人脑,对数据进行有效处理和分析。大数据的广泛应用,使AI在深度学习领域实现突破,如语音识别、图像识别、自动驾驶等,随着深度学习的准确度不断提高,AI以前所未有的态势汹涌而来,未来一个训练有素的机器阅读理解(MRC,Machine Reading Comprehension)系统和不同的领域都密切相关,即便不对其进行类别界定与划分,它们同样可以通过分析对其基本内涵进行理解并迅速给出答案。从媒介角度来看,通过人工智能实现的智能媒介和智能机器将作为助手和“媒体看门者”与人共同协作。

深度学习(deep learning)这一基本概念最初出现在人工神经网络的相关分析与研究当中,主要理念就是通过对人脑运作机制的精确模拟,达到分析和判定各种数据信息的基本目的。其名称中的“深度”某种意义上就是指人工神经网络的层数,深度学习本质上是基于多层人工神经网络的机器学习算法。深度学习是建立输入和输出数据之间的映射关系，在实际应用中，社交媒体、软件服务协议、硬件、网站 cookies 以及应用程序权限等为训练神经网络提供了大量数据(如图 1-2)。实质上，人类很多智能或者技能都是先通过经验积累(即可抽象为大量数据训练的过程)，再举一反三应用到其他领域(泛化至其他输入数据)。所以，随着深度学习的进一步完善，人类诸多须依靠经验积累的能力都可以逐步依靠深度学习来实现。

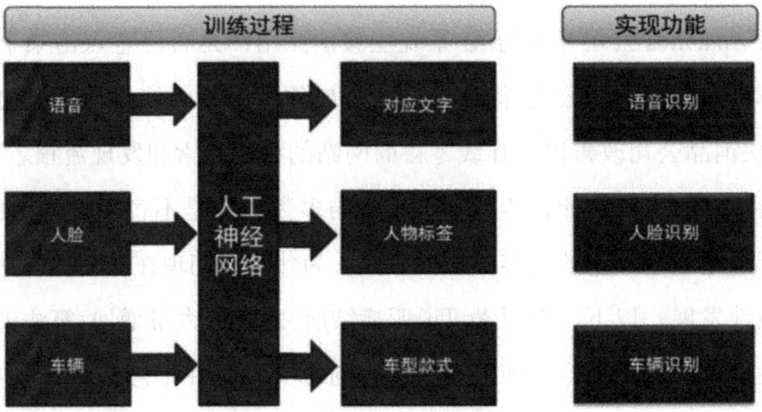

图 1-2　深度学习的映射关系

目前，深度学习在语音识别、搜索引擎、机器翻译等领域获得较为普遍的实际运用，并获得了比较理想的效果。以视频行业为例，视频因具有运动的图像、文本、音频、用户观看日志等复杂的时空信息，容易带动观者的情绪，是内容最丰富的媒体，在未来将成为信息表达和传播的主流。然而目前大部分视频都存在一些问题：第一，随着视频规模的扩大，视频处理的任务也更加艰巨，信息传播的速度跟不上产生的速度；第二，视频中的内容无法得到有效利用，导致黄金流量难以规模变现。视频行业在发展过程当中，通过对深度学习的合理运用，不只是替代人工，智能化地处理视频，还使更多的新商业模式逐步涌现。过去电视以及视频网站的发展建设中，节目的处理需要花费大量的人力物力，所取得的效果也不够理想，相比之下，通过合理运用深度学习，能够使得各种数据信息的处理变得更加智能化和自动化。同时，借助深度学习，不仅可以使商品运营活动的开展变得更为顺利，提高商品的关注度，帮助企业获得更加理想的运营业绩，而且还能够使更精准的广告匹配得以顺利实现，帮助企业更加有针对性和有目的性地进行广告投放，获得更理想的传播效果，促进更多运营目标的顺利实现。如：迅雷通过接入图普科技的图像识别云平台，超过 98%的色情视频被机器过滤，复审量低于总量的 2%，节省了超过 98%的人力成本；创意引晴公司(Viscovery)能够监测色情、暴力等违禁内容,节省95%的人力,适用于网络直播、盗版内容监测等领域;由百度和爱奇艺推出的广告产品——随视购,是基于深度学习的video out技术的全面使用,能够帮助识别用户观看的场景,从而针对性推送强关联的同款产品或相关定制化活动。深度学习使得机器学习能够实现众多的应用,并拓展了人工智能的领域范围,或将引领人工智能的浪潮。

第五节 虚拟现实、增强现实、全息影像和柔性显示

虚拟现实(Virtual Reality,VR)也称人工环境,其结合多领域的前沿技术(计算机图形和仿真、图像与视觉、人机交互技术、传感器技术、人机接口技术、人工智能技术等),借助适当装备,通过欺骗人体感官的方式(三维视觉、听觉、嗅觉等),创造出完全脱离现实的世界,使人与其进行交互。简单地说,虚拟现实技术就是用计算机创造以假乱真的世界。虚拟现实技术具有"3I"特性(如图1-3)——Immersion(沉浸性)、Interactivity(交互性)和Imagination(想象力),其中沉浸性是虚拟现实系统最重要的特性。传统的用户体验主要以有用性、易用性和友好性作为最重要的指标。VR能够完全突破地理限制,增强传统的交互体验,"360度+景深"模拟真实世界,外接设备帮助使用者与虚拟环境进行交互,给用户带来深层次的沉浸感。

虚拟现实技术目前已在军事、航空等高精尖领域发挥重要作用,其在影视、游戏、社交、教育等领域的潜力也日益凸显。尽管目前的用户体验还比较粗糙、硬件设备也比较昂贵、行业标准也有待形成,但从长远看,虚拟现实技术在未来的发展空间是巨大

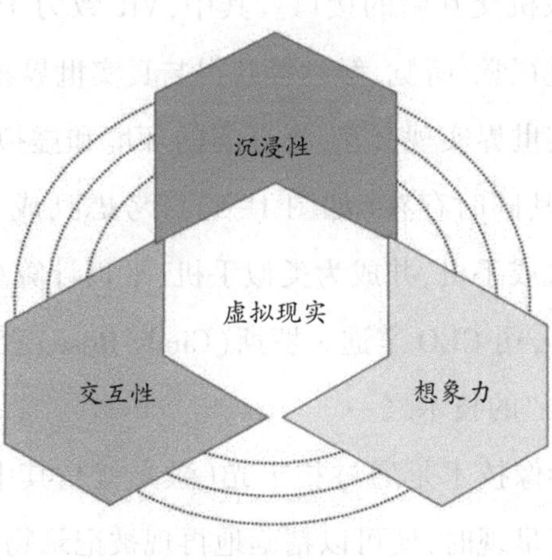

图1-3 虚拟现实的"3I"特性

的，视频、直播、游戏、零售、教育、医疗、房地产等领域的发展都为虚拟现实创造出了全新的市场和机遇、。

增强现实(Augmented Reality,AR)是在虚拟现实的前提下发展起来的，是一种将真实世界信息和虚拟数据信息完美整合的新技术。AR使得真实场景能够和虚拟场景进行有机结合，达到获得超越现实的感官体验的基本目的(如图1-4)。增强现实和包括计算机图形、融合显示以及图像处理等不同的学科密切相关，具备虚实结合、实时交互、三维注册三大特点。

图1-4 AR应用示意

良好的用户体验是人机交互的核心诉求，而键盘、鼠标、显示屏等传统设备又不能满足数据维度日益增加的要求，因此VR和AR这类具有“卓越沉浸体验，让计算机去适应人”的科技将成为人机交互新的接口。其中，VR致力于与虚拟世界中的物体进行自然的交互，从而通过视觉、听觉、触觉等获得与真实世界相同的感受；AR以VR为基础，使虚拟世界与现实世界实现交互，将真实的环境和虚拟的物体实时地叠加到同一个画面或空间从而使其同时存在(如图1-5)。考虑到成本和传输两大问题，VR/AR设备料将脱离计算机或手机，并成为类似手机、平板计算机一样的智能终端，存在平台化趋势。微软英国公司CEO辛迪·罗斯(Cindy Rose)表示，混合现实(MR)将成为激发“第四次产业革命”的技术之一。

全息(holography)影像技术是通过相干光(激光就是其中一种)干涉原理记录和查看图像，当合适地将其呈现时，便可以精确地再现被记录物体的三维外观，为记录被摄物体反射光波中所有数据信息的基本照相技术，在这个过程中，其光线能够借助记

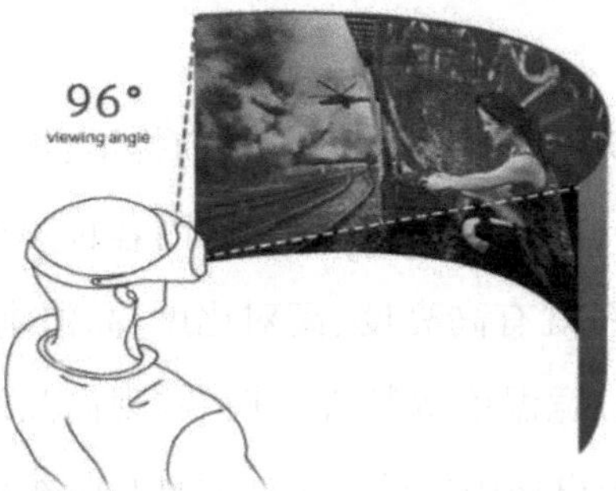

图 1-5 VR/AR 原理比较

录胶片进行再次构建,和现实物体的真实呈现类似。它借助各种角度以及方位观察照片,能够分析被拍摄物体的各个部分,正是因为如此,在人们的脑海中才会形成立体的感觉。全息影像可以不通过任何介质,从地平线上的空气中就能显示影像,而且观看角度可以随意变换,体验者能够在三维立体的画面之中穿梭自如。正如我们的眼睛通过捕捉现实世界的光学信息来获悉我们周围的事物一样,全息影像以照片的模式捕获外界的这种光感信息,从而让我们感觉就像是真的在用肉眼看现实中实际不存在的 3D 物体一样,并能够任意聚焦观察它们。

相对于大家熟悉的 3D 而言,3D 影像是虚拟的,而全息影像却不是。3D 影像是在屏幕上显示的,而全息影像是在自己的空间中形成的,不仅可以呈现左边和右边的画面效果,而且需要一个 360 度的影像。从实际情况来看,通过对全息影像技术进行具体运用,不只能够形成立体的幻象,也能够使扮演人员和幻象展开互动,共同实现表演活动,获得更为理想的演出成效。目前,已展示实现的全息影像技术一共分为空气投影和交互技术、激光束投射实体的 3D 影像、360 度全息显示屏三种类型。对科幻影片来说,对全息技术的运用是极为常见的,其能够使得事物以立体的形式展示出来,就像电影《星球大战》中的全息通信、《钢铁侠》中的全息电脑、《普罗米修斯》中的全息沙盘等。事实上,从几年前日本的初音未来演唱会,到周杰伦在演唱会上与“复活”的邓丽君对唱,到 2015 年春晚里李宇春出现三个分身,再到 G20 峰会室外的水上晚会,都是全息影像技术的应用。

目前,技术上的全息手机已经存在,其使用虚拟存在组件(virtual presence)来观看全息图像,用户只需下载相关内容,将手机放入虚拟存在组件中播放即可。未来,人类可以完全抛弃电视、计算机、手机这些带有屏幕的显示产品。就像在各种各样的科幻、谍战大片中一样,人手一挥,巨大的显示屏上就直接出现多页图表或者照片,无须触碰屏幕,再次挥手,屏幕上的内容便自然切换,甚至能够让不同时空的人面对面进行交谈。

所谓的柔性显示(FlexibleDisplay,FD)是在塑料等各种柔性基材的前提下,加工制作的能够变形、可弯曲的电子显示装置,其像纸一样薄,即使切掉电源,内容也不会消失,所以也被叫作“电子纸”(如图1-6)。柔性显示既有高亮度、高对比度、高清晰度、宽视角、宽色域等特性,又具备超薄、超轻、低功耗、宽温度等特性,其在实现高品质图像呈现的同时,又满足便携式设备轻便、省电、适于户外操作的需求。柔性显示被称为“梦幻般的显示技术”,主要应用领域包括消费电子、智能家居、运动时尚、汽车航空以及建筑装饰五大类,将对个人智能终端、可穿戴设备、车载显示器、VR等消费电子领域产生深远影响,或将全面替代液晶显示屏。英特尔公司的科学家瑞恩·布洛特曼通过全面的研究与分析指出:在接下来的几年中,基本上所有的计算机,不管是平板还是超极本,都将逐步朝着薄得如彩色打印的纸张一样的方向发展。

在万物互联的大趋势中,柔性显示具有众多优点,例如可随意弯曲、折叠、卷曲、轻薄、体积小、功耗低、可携性能高等,非常适合立体化、多元化的物联网场景需求。柔性显示不仅是一个硬件,还将带来软件以及操作系统的革命,其作为新型人机交互窗口,将革命性地打破传统交互界面固态不自然、受限的现有形态,甚至带来一个全新的生态系统。未来的屏幕随意变化,“显示”无处不在:计算机显示屏可以像手帕一样折叠

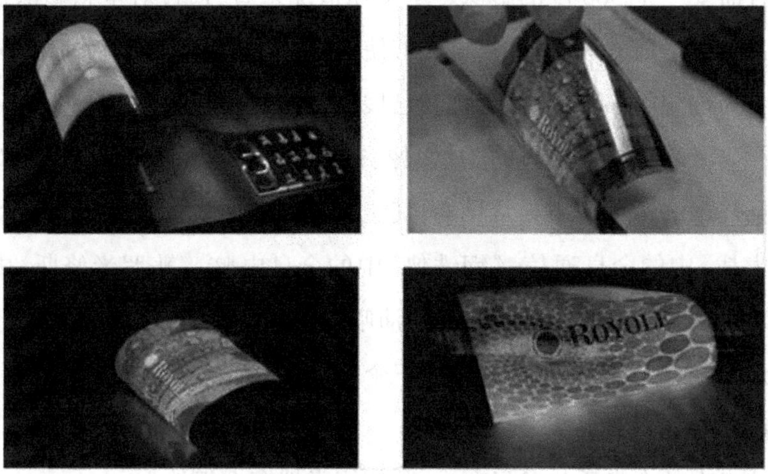

图1-6 0.01毫米彩色柔性显示器

起来塞进口袋，过去重量极大的大屏幕电视，能够变得更加轻便。未来，人们甚至可以24小时佩戴这些薄如蝉翼的器件，随时监测人体的心跳、脉搏、血压、脑电波、心电图等各种身体指标。数据显示，到2023年，柔性和曲面显示器占全球显示器的收入将由2013年的1%提升至16%。未来，任何一种平面或许都可以成为屏幕，看的书是屏幕，你所能看到的所有平面都是一个屏幕，甚至衣服都可以当成屏幕，屏幕将无处不在。

第六节　生物识别和计算机视觉

生物识别（biometric identification technology）是指通过计算机与光学、声学、生物传感器和生物统计学原理密切结合，利用人体固有的生理特性（如指纹、静脉、DNA等）和行为特征（如签名、声音、步态等）来进行识别和认证。和原有的密码检验方式相比，生物识别技术基于人的生物特性，具有易测量、排他性以及终身不变的特点，拥有检验快速、结果更准确的优势。目前主流的生物识别方式分别为人脸识别、语音识别、指纹识别和虹膜识别四大类，下面仅以语音识别为例进行探讨。

语音识别的目标是使计算机自动将人类的语音内容转换为相应的文字，其应用包括语音拨号、语音导航、室内设备控制、语音文档检索、简单的听写数据录入等，其和信号的应对与处理、概率学以及模式识别等领域密切相关。语音识别技术天生便具有三道极高的门槛：足够优秀的算法，足够强大的计算能力以及足够庞大的数据库支持。直到第三次人工智能热潮来临，深度学习的崛起、高性能计算和大数据的迅速发展才使语音识别从实验室走出来并开始实现商业落地，成为未来重要的交互方式之一。2011年，苹果推出Siri语音助手，迅速带动整个行业的兴起，微软、谷歌、百度、科大讯飞等相继推出语音助手应用。近年来，语音识别的准确率得到了极大提升，中文语音识别率达到了97%，科大讯飞是其中的佼佼者。科大讯飞专注语音合成与识别领域十几年，通过在其领先的语音合成与识别技术上嫁接教育、电信、音乐、车载以及智能家居等业务，逐渐发展成了国内最大的语音平台，是国内毫无争议的语音第一入口。现在，大部分新闻机构对聊天应用和语音服务（像亚马逊的Alexa或谷歌的Home）还持观望态度，而未来这些程序可能成为新闻生态系统的关键元素。

计算机视觉（computer vision technology）是指用电子设备代替人眼，对目标进行识别、跟踪和测量等，实现人眼视觉的延伸，通常分为图像获取、图像校正、立体匹配和三维重建四个步骤，是最主要的人工智能基础技术之一，主要包括人脸识别、图像及视频处理、文字识别、智能监控等。目前，计算机视觉在人脸识别和图像识别两大领域的准确率都已经超过人类极限，其中人脸识别已经广泛应用于安防、公安、金融等行业。大型数据库 ImageNet 识别数百万张普通、模糊或离奇的图像，最优系统的误差率在 2010 年为 30%多，到 2016 年降到了约 4%。在计算机视觉领域，我国与国外的差距较小。2014 年 3 月，香港中文大学汤晓鸥教授团队的 GaussianFace 算法在人脸识别数据库 LFW 上准确率达 98.52%，在全球首次突破人眼识别能力极限，具有实际价值。得益于计算机视觉的强大功能，未来人脸识别将成为新型信用卡、驾照和条形码。

一般，所谓的人脸识别技术就是指对人脸的视觉属性展开对比分析，在这个基础上完成身份分析和判定的基本技术。人脸识别技术属于非接触型分析和判定的基本范畴，只要能够对脸部信息进行获取与分析就能够完成一系列的运用，所以，该项技术能够实际运用于不同领域。在消费领域，刷脸支付已经被广泛应用，给线下、线上支付带来极大便利；与此同时，百度运用 200 万人的 2 亿张照片进行人脸识别基础模型训练，实现人脸检测、人脸对比及人脸查找，并已应用于百度魔图、百度网盘、百度识图等产品中；腾讯也表示，每天 10 亿张以上的照片上传，让微信大数据掌握了几乎每个中国人十几年来的长相变化，配上腾讯最领先的人脸识别技术，甚至可以预测人们未来的长相。公安领域对该项技术也有着极为深入的具体运用，比如将人脸识别技术应用到反恐实战中，取得了十分显著的成效。

第七节　区块链

区块链（block chain）是一种开源分布式共享数据库（数据分布式储存和记录），利用去中心化和去信任方式高效记录买卖双方的交易，并保证这些记录是可查证且永久保存的。也就是说，区块链技术可以使所有数据块当中都拥有特定时间段系统所有数据信息的内容，同时，形成数据信息密码，对数据的有效性以及后续数据库块的连接进行分析和判定。区块链的基本原理包括：（1）交易（transaction），一次操作，导致账本状态的一次改变；（2）区块（block），记录一段时间内发生的交易和状态结果，是对当前账本状态的一次共识；（3）链（chain），由一个个区块按照发生顺序串联而成，是整个状态变化的日志记录。在典型的区块链系统中，数据以区块为单位产生和存储，并按照时间顺序连成链式数据结构，所有节点共同参与区块链系统的数据验证、存储和维护。区块链的核心技术包括区块和链、数学加密、分布式结构、证明机制等。本质上，区块链是一种高度可信的数据库技术，具备去中心化、信息完备透明、分布式存储、可编程脚本等特征，提供了一种在不可信环境中，进行信息与价值传递交换的机制，是构建未来价值互联网的基石。世界经济论坛发布的白皮书《实现区块链的潜力》指出，区块链技术能够催生新的机会，使信息的价值能够更加充分全面地体现出来。

业界通常把区块链看作三层：第一层是技术，账本、密码学、认证机制；第二层是商业模式，基于区块链重构的商业生态圈；第三层是哲学，是理念，任何一种生产力的革命，最后必然会被抽象、升华，成为形而上的生产关系。2016 年 12 月，国务院印发的《“十三五”国家信息化规划》中首次提到了区块链技术，并指出数字化、网络化、智能化服务将无处不在。

在传媒领域，区块链技术将在公民新闻审核、数字版权保护、付费内容订阅、传播效果统计、用户隐私保护、数字资产管理等领域发挥重要作用，在用户、传媒运营商、传媒客户之间再建立一个信任链，从而为媒体深度融合提供全新的视角和颠覆性的解决方案。

第八节　结语

新一代信息技术的发展必然会带来全新交往体系、沟通系统和全新传媒环境，智能媒体时代已然来临。智能媒体时代是互联网连接作用发展到一定成熟阶段的演进形态，其建立在互联网的基础上，以连接产生的数据为核心，云端一体成为标配，通过数据处理输出智能价值，指导人与机器的高效决策和资源利用。智能互联网就像蒸汽机之于第一次工业革命，电力之于第二次工业革命一样，将引发新的工业革命，更加深刻地改变人类的生活方式、生产方式和商业模式，更加广泛地连接万物，更自主地捕捉信息，更智慧地分析信息，更精准地进行判断，更主动地提供服务。计算机视觉、深度学习、大数据、可穿戴设备、AR/VR 等一系列技术在媒体生产中的应用使内容更加翔实，通过技术实现的事实呈现也对增强内容传播的有效性发挥了推动作用，新传播技术将成为媒体融合进一步发展的发动机和加速器。但技术终归是要回归于人、为人所用、为人服务的，留给传媒从业者的不应该是技术恐慌，而应是调整自身的定位，坦然接受并提高我们对技术的理解与驾驭能力。对与传媒行业紧密相连的信息技术加以分析研究并搞清楚其中的相互联系与区别,将有利于新闻传媒新理念的研究和新实践的探索,促使传媒行业在智能媒体时代得到更健康、更科学和更理性的发展。

重要术语

大数据　云计算　物联网　可穿戴设备　5G技术　下一代互联网　OTT　人工智能

深度学习　虚拟现实　增强现实　全息影像　生物识别　计算机视觉　区块链

思考题

1.根据本章所讲内容,请列举几个与数字时代密切相关的智能技术。

2.大数据有哪些特点?

3.请列举云计算的几种部署模式。

4.如何理解5G将成为继蒸汽机、电力、汽车、互联网之后的新通用技术?

5.深度学习的主要理念是什么?

6.虚拟现实和增强现实的联系及区别有哪些?

7.区块链的基本原理有哪些?

第二章　智能媒体的内涵

技术变迁是媒介产业不断进化的强大驱动力,当前新的技术集群正在将媒介产业引向一条加速变革的快车道,从而构建了一种全新的智能媒介传播范式。在这种变迁的暗流涌动之上,是传统大众传播业态的分崩离析,物联网、大数据、云计算、机器学习等技术元素对媒介产业的颠覆与重构催生了智能媒体时代的大量新产品、新模式和新业态。

第一节 智能媒体的概念

时间回溯到20年前,彼时的报纸、杂志、广播、电视等大众媒体正经历着它们最后的辉煌,而新浪、搜狐、腾讯、网易等互联网公司还只不过是刚刚成立的初创企业。但就在那一年,活跃在传媒最前线的从业者和研究者们却敏锐地意识到了互联网对传统媒体可能带来的革命性影响,从而吹响了大众媒体数字化进程的集结号。“世纪之交,中国电视媒体正在进入一个数字化时代。在这个机会与危机并存的过渡阶段,中国电视媒体将遭遇什么样的难题?克服难题的出路在哪里?”①

事实上,同样的问题也困扰着同时期的报纸、广播、杂志等媒体。1999年8月9日的《互联网周刊》在一个并不起眼的版面上刊载了一篇短文,尽管文章只有不到两千字,但其标题却非常直截了当甚至在当时看来有些骇人听闻——《世纪末交锋:数字化媒体挑战报业王国》。这篇文章毫不客气地指出,“中国的报业经营者普遍缺乏进军互联网的实力和野心”,并援引了元老级互联网公司Lycos Network总裁的一句经典语录:“我们对于传统媒体的重要性,远大于传统媒体对于我们的。”在结尾处,作者这样写道:“至少在1999,中国的报业经营者还可以处之泰然;但在新世纪到来之时,当中国的上网用户足够多时,网络媒体与传统媒体必将开始直接的交锋。对他们来说,应当是警醒的时候了。”②事实也的确如此,从那年以后,传统大众媒体开始了集体

---

① 黄升民. 中国电视媒介的数字化生存[J]. 现代传播(北京广播学院学报), 1999(6):1-9.

② 张月. 世纪末交锋:数字化媒体挑战报业王国[J]. 互联网周刊, 1999(30):31-31.

焦虑,触网、转型、改版、停刊、融合、跨界等一系列的动作都与其数字化战略有着直接和密切的关联,大家大张旗鼓、轰轰烈烈、如火如荼地奔向媒介进化的下一站——数字媒体。

今天,几乎所有的大众媒体类型和组织都已经拥有了它的数字化形式,而且我们可以肯定地下结论称,绝大多数传统媒体都已经完成了它的数字化转型,“经过 20 年的数字化、网络化和产业化进程之后,无论是传统媒体还是新兴媒体,其基础设备、关键技术、内容格式、组织流程和互动方式都已经基本实现了数字化和网络化的管理与运营”①。然而,数字化却不是媒介进化的终点站,它只不过是个中转站而已,事实上,当所有大众媒体忙着数字化转型的时候,那些原生的数字媒体却早已经开始了迈向更高维度、更高阶段、更高能力的征程——智能化。是的,媒介进化并没有随着传统媒体数字化的完成而结束,恰恰相反,包括传统媒体和新兴媒体在内的所有媒体形式和媒体内容的数字化与网络化只不过是媒体迈向更高阶段的一个全新起点。这个起点的标志性事件就是 2007 年 1 月 9 日苹果公司发布了 iPhone 第一代智能手机。在那之后的十余年中,信息通信技术产业引领了数字融合的发展进程。② 这一状况造成的天翻地覆的变化直接带动了全球各国经济的增长,特别是诸如智能手机、智能电视、平板计算机等智能设备的普及直接促进了行业的创新,那些命名或功能中包含“智能”概念的技术或者产品正在主导着各行各业的发展。③ 在被智能概念快速席卷并改造的各大产业中,传媒产业的智能化进程因其与信息通信技术之间存在着天然的亲和关系和交叉地带而表现得尤为抢眼,与智能媒体相关的学术研究和现实应用也引发了各界的广泛关注,从而推动了智能媒体产业和智能媒体理论的快速发展。

“人工智能技术在新闻传播领域的全面渗透是近年来的一个现象级的发展。未来传媒业的发展,很大程度上与人工智能技术的引入和应用关联在一起。人工智能技术不仅形塑了整个传媒业的业态面貌,也在微观上重塑了传媒产业的业务链。”④整体来看,智能媒体产业所涵盖的主要范围,可以参考 Fransman 对 ICT 产业的分类方法,

① 刘庆振. 媒介融合新业态:智能媒体时代的媒介产业重构[J]. 编辑之友, 2017, 000(002):70-75.

② JOUNG S, HAN E, HAN H. Effects of key drivers on continuing to use digital convergence services: hierarchical component approach[J]. ETRI journal, 2014, 36(6): 1051-1061.

③ KIM E , LEE D , BAE K , et al. Developing and evaluating new ICT innovation system: case study of Korea's smart media industry[J]. ETRI journal, 2015, 37(5):1044-1054.

④ 喻国明, 兰美娜, 李玮. 智能化:未来传播模式创新的核心逻辑 兼论“人工智能+媒体”的基本运作范式[J]. 新闻与写作, 2017(3):41-45.

他将其划分为内容、网络、硬件和平台四个方面①,这四个方面的创新与变革,使得当前的智能媒体生态在本质上完全不同于过去的数字媒体生态乃至更传统的大众媒体生态,它们之间的融合发展正在重新定义媒体的基本价值、核心能力、商业模式和服务形态,从更深层次来看,智能媒体生态的加速进化还将重构经济领域、文化领域和社会领域。

当前,我们的一只脚乃至整个身体已经跨入智能媒体时代,但我们的另一只脚甚至很多思维方式还停留在大众媒体时代,因此,我们亟须站在智能传播的角度上反思关于传播的概念。事实上,我们如何设计这些日益智能化的媒体硬件和应用平台、如何利用它们建立更加有价值的信息传播与社会交往网络、如何捕捉个性化的需求并动态化地提供相应的内容产品,都决定了人工智能时代的媒介和传播的本质,也正因此,对智能媒体给出一个明确的界定便显得尤为重要,但无论学界还是业界关于智能媒体的定义都尚未形成比较一致的观点。S.H.Park 认为智能媒体是一种能够与用户和智能设备进行互动的传播交流服务,它主要向用户提供不受任何时间和空间限制的广泛的内容聚合服务。段鹏认为,从用户的角度而言,常见的观点是将智能媒体视为一种贴合用户需求的综合性媒体,可以智能地识别用户喜好,从而为其在服务和信息两方面提供上乘的使用感受。② 封面传媒的董事长兼首席执行官李鹏认为,人工智能已经渗透到传媒和传播的各个环节、各个链条,包括传播者、传播内容、传播渠道、传播对象、传播效果,也包括生产上的素材收集、筛选、分析、写稿、核查、内容分发、营销环节,在这个背景之下的智能媒体应该是一种"技术驱动的媒体形态,是以人工智能技术为内核的媒体阶段"③。

总结这些观点不难发现,它们都紧紧围绕着构成智能媒体的内容、硬件、网络、平台四大方面展开,并且其核心目的都是为用户提供更优质的信息、传播和互动体验服务,在此基础上,我们可以将麦克卢汉那句经典的"媒介即讯息"改造为"媒介即服务"(Medium As A Service,缩写为 MAAS),并将智能媒体界定为这样一种信息传播和媒介消费服务,它是一种以智能化的硬件技术为工具、智能化的网络连接为手段、智能化的平台应用为载体、智能化的内容交互为形式的媒体服务,它将媒介进化过程从数字

---

① FRANSMAN M. The new ICT ecosystem: implications for policy and regulation[M]. Cambridge University Press, 2010.

② 段鹏. 智能媒体语境下的未来影像:概念、现状与前景[J]. 现代传播, 2018, 40(10):1-6.

③ 李鹏. 打造智媒体,实现媒体自我革命[J]. 传媒, 2018, 290(21):24-25.

化阶段带入智能化阶段。在这个新的阶段，媒体生产和消费具有个性化、定制化、精准化、动态化等鲜明特征，它标志着媒体传播理论研究和产业实践的关注焦点从同质化的大众群体转向了异质化的独立个体。而随着智能媒体的发展所引发的诸多转变，传播学的研究范式也逐渐地发生了转换，建立在智能媒体基础之上的计算传播学范式快速兴起。无处不在计算的智能媒体时代已经到来，它在未来几年对媒体传播领域造成的改变将远远超过过去20年媒体世界已经发生的革命。而在一个处处充满着媒体智能的时代下，理解这种巨变的最好方法就是主动地去了解和掌握那些正在创造这个全新的智能媒体时代和计算传播范式的领跑者、创新者、参与者和研究者们的世界观、价值观、认识论和方法论。

第二节　智能媒体的特征

当我们试图理解全新的智能媒体时代的时候，我们倾向于从传统大众传播的框架中来观察智能传播，从而让它能够适应我们既有的理解能力。但是，这样反而会让我们对新的智能传播形成曲解甚至误解。要想真正感知正在发生的变化，必须深刻理解智能媒体传播范式所赖以建立的技术基础，正是这些技术将智能媒体与传统媒体区别开来。

一、作为基础设施的物联网

不同的社会发展阶段在不同的基础设施上建立起了不同的传播范式，物联网则是正在加速到来的智能传播范式的基础设施。通信互联网、能源互联网和物流互联网三大关键部分共同构成了物联网的主体，为在一个高度互联的、跨越时空界限的全球化超级智能网络中将所有人和物集合起来提供了认知神经系统和基础物理手段。在这样一个智能媒体的世界里，信息、创意和内容等媒介产品所需的新的生产力和生产效率就恰恰蕴藏在这个开放式、分布式、协同化与互联化的物联网基础设施中。每一个被物联网所连接的物体都将具备智能媒体的属性，小到一块手表大到一台汽车，越来越多的物体都将被嵌入一定程度的媒体智能。一旦接入物联网，它们就会开始实时的自我监控并全面地记录、分析和洞察我们的生活，在需要引起注意的时候它们还会主动与我们交流。例如,无论是电视机、洗衣机还是电冰箱、试衣镜,它们都会按照我们的媒介接触习惯和内容偏好进行初始的程序设置,并且在社交工具(如微信)中关注我们或成为我们的好友,一旦我们所追的美剧或韩剧有了更新,它们会根据我们所处的特定场景将这一内容推送到最合适的智能设备上。事实上,物联网中所有智能媒体节点生成的关于用户的数据将会成为网络中最主要的数据流,它们创造了内容生产者与用户之间新的价值链,而这将会比任何一个智能设备本身更有价值。这样,智能硬件设备将会逐渐趋于免费,人人都可以低成本地获得多样化智能设备而成为物联网世界的一个智能节点。而这些设备之间的连接与互动将会切切实实地创造一种新的智能,它不仅仅能纠正某种错误,而且能在根本上阻止错误的发生。

事实上,智能媒体的概念并不是最近几年才提出来的,之前有很多关于"智慧媒体""智媒体"等提法,但是无论哪种提法,都是在最近几年随着大数据技术、物联网技术和人工智能技术等关键技术的快速发展而逐渐落地应用并转变为一种被普遍关注的媒体现象的。这其中,尤其值得关注的是物联网作为智能媒体时代的基础设施,它是智能媒体得以有效运行的重要载体,它扩大了"媒体""传播"等概念的外延,并在获取海量数据的同时辅以智能算法和深度学习的手段,使得今天的媒体内容生产、信息分发和人机互动变得越来越个性化、智能化和场景化。

过去的物联网行业标准不统一,无论在传感器层面,还是在通信技术层面,各种各样的标准各自为政,导致采集到的数据格式千差万别,各个标准之间互不兼容,从而无法使得信息高效、快速、顺畅地完成它的传播流程。既然传播本身都是问题,那么又何谈智能媒体或者智能传播呢?但是 2016 年第三代合作伙伴计划的标准会议通过了一个新的窄带物联网核心协议标准,极大地满足了低功耗广域物联网对技术和标准的需求。这也就意味着, NB-IoT(Narrow Band Internet of Things)比起原来的全球移动通信系统能够覆盖更广泛的连接和传输领域,原本很多有信号死角的地方也都可以实现有效连接,比如地下停车场、海底隧道、城市管道、山区野外等,而且每个 NB-IoT 站点可以连接的终端设备数量将高达 4,500 亿之多,这样我们就可以把日常生活、工作、学习、娱乐过程中大量的事务接入物联网,从而获得与之相关的海量数据,并借助人工智能和机器学习等手段对这些数据进行挖掘和分析,从而更加智能化地管理与之相关的信息生产和信息传播过程。思科的数据显示,2018 年全球联网设备数为 184 亿台,该公司预测，到2023年，联网设备数量将达到293亿台，由人均2.4台增加到人均3.6台。① 按照这样的增长速度，用不了多久，我们身边凡是能够联网的设备终端都会被接入物联网。事实上，这也就意味着未来的传播已经不再限于人际传播、大众传播、互联网传播等少数领域，还将扩展到人与物之间的传播、人与机器之间的传播、机器与机器之间的传播等方面，也恰恰因为传播的泛化，使得人类自身根本无暇处理大量与信息传播相关的事务，智能媒体和智能传播才会显得愈发迫切。事实上，近几年物联网技术的突飞猛进也使得更广义的连接和更广泛的传播成为现实，在信息传播方面能耗和成本的降低也必将使得以用户为中心的大量其他事物更快、更多、更常态化地实现连接和通信。而接入物联网的终端越多，其产生的数据量就会越大，借此所“驯化”的媒体传播方式就会越智能化。

而伴随着5G时代的加速来临，更广泛的连接和更短的延时将使我们越来越有可能在较短的时间内进入真正的物联网社会。5G网络能够在1平方公里的范围之内支持100万个传感器的连接，而原来的4G网络是无法做到这一点的。这意味着包括交通、医疗、农业、城市管理等多个领域都可以借助物联网技术采集、存储、挖掘和分析更有价值的数据，并针对不同的行业、不同的场景、不同的应用和不同的用户进行更加个性化和智能化的信息定制和信息分发。此时的任何一个行业都具有了智能化的信息传播特质，这也意味着未来的智能媒体是一种泛在的存在，而不再局限于传统的媒体产业这样一个小的范围之内。当然，当一切终端都被植入媒体的属性之后，当一切产业都越来越像媒体产业之后，当一切出发点都是建立在数据的基础上之后，当一切行为都与信息传播行为产生关联之后，我们则站在了一个全新的范式乃至全新的时代的分水岭之上。

这是一个意义重大的历史时刻，它给了我们重新思考和审视媒体传播的契机，它使我们深刻地意识到，正是因为连接技术与通信技术、互联网技术与物联网技术、人工智能技术与机器学习技术的快速发展，我们才得以利用一种全新的手段和全新的思维来看待媒体、看待信息、看待传播，甚至，它正在改造我们的三观，改造我们的生存方式、生产方式和生活方式。事实上，也正是从这样一个伟大的历史节点开始，我们将开启一种全新的智能时代：海量的传感器被接入物联网，海量的信息被采集、存储和挖

① Cisco Annual Internet Report（2018-2023）White Paper [EB/OL].（2020-03-09）[2021-09-25]. https://www.cisco.com/c/en/us/solutions/collateral/executive-perspectives/annual-internet-report/white-paper-c11-741490.html.

掘,智能算法为海量的用户量身定制个性化的信息生产和消费解决方案,千人千面的信息定制、内容推荐和个性化服务成为可能。而如果没有物联网技术作为基础设施,我们就不能更加精准地确定某一位具体用户所处的时空、场景、状态和情绪,无法确定这些便无法进一步向他推荐更符合他彼时彼地的个性化信息,那也就意味着所谓的智能媒体沦为了一句空谈。而事实上,当我们处在这样一个伟大的转折点的时候,大量的用户并没有彻底调整好他们的状态以拥抱这个全新的时代,而是仍然在用大众传播时代的传统视角来审视、探讨甚至作出判断和决策,尽管他们越来越依赖于连接和通信,但他们并没有把大数据、物联网、人工智能等技术看作自身生存和发展、社会运行和创新的基础性资源。然而我们要认识到,在未来的智能媒体时代,信息的生产、传播和互动不再像大众传播时代那样仅仅与技术相关,而是将变得彻底依赖于技术的进化和迭代。未来,越来越多的人将有机会以更低的成本获得更广泛的网络连接、更强大的计算能力、更个性化的智能算法和更定制化的信息服务。

二、构成生产要素的大数据

在整个世界被物联网化的过程中,网络连接和智能节点所产生的数据量也开始呈指数级增长。事实上,“数据已经存在于全球经济中的每一个部门,就如固定资产和人力资本等生产要素一样,如果没有它,许多现代经济活动根本不会发生……土地、人力、技术、资本这些传统的生产要素,甚至需要追随数据资产重新进行优化配置,数据资产成为最重要的生产要素”①。数据大爆发中蕴含着媒介产业的新机遇以及我们对传播业务、媒体用户进行深入、全面、立体了解的能力,这种对先进数据技术的掌握和运用能力是智能媒体时代的产业竞争必须具备的技术基础与核心能力。简单来说,大数据技术主要指对已经拥有或掌握的庞大的数据信息进行深度挖掘分析和专业综合处理的技术。这是一个利用统计建模、模式识别、算法优化、机器学习、人工智能等技术,从大量的、含有噪声的实际数据中提取其中隐含的、不为人知的有效信息的过程,其流程包括了“商业理解—数据准备—数据理解—模型建立—模型评估—模型应用”等几个基本步骤。对传媒产业而言,大数据分析与应用的主要目标是通过分析用户习惯和兴趣偏好,找到新的突破口,使媒介内容的生产过程更加智能,更加符合用户需求。

① 赵国栋,等. 大数据时代的历史机遇[M].北京:清华大学出版社,2013:7.

而在此之前,媒介产业从未实现过将结构化和非结构化的数据结合起来并用以指导内容生产,而在智能媒体时代,几乎所有媒介内容的生产、传播、营销和集成决策都需要依靠数据分析,特别是在海量智能设备接入物联网之后导致媒介用户数据的量、质和种类都在持续增长的情况下,数据已经成为智能媒体时代最重要的生产要素。

三、优化资源匹配的移动计算

移动计算是随着智能终端、移动互联网、即时通信、大数据、分布式计算等技术快速崛起的一种计算技术,其核心价值在于向分布在不同位置的移动智能媒体用户(如物联网中的智能手机、智能汽车、智能手表等设备的用户)提供安全、快速、有效、优质的信息获取、查询、存储和计算服务。美国计算机科学家艾伦·凯进一步延伸了麦克卢汉"媒介即讯息"的观点并预见性地认为:"计算将成为一种通用的、包罗万象的媒介,可以容纳语音、音乐、文字、视频和通信。"①事实上,媒体用户在不同的时间和空间下所处的位置和状态构成了不同的场景,而不同的场景又决定了媒体用户对不同媒介信息和内容的不同兴趣。用户每一秒都会处于不同的场景中,这也使得他们的信息需求与内容渴望会随着不同的场景而发生"秒变",从而开拓出了一个虽然有着时空限定但无比广阔的智能媒体新市场,它要求我们对处于移动状态中的用户进行实时的、动态的、具有预测性的数据分析和计算,只有这样才能将最符合用户需求的媒介内容和信息服务个性化地匹配给精准用户。例如,滴滴打车可以借助移动计算将最符合用户需求的出租车、顺风车、快车或专车匹配给他们,不但满足了用户的出行需求,而且极大地激活并优化配置了闲置的社会资源,在一定程度上推动了智能交通的发展。同样的道理,智能媒体时代也需要强大的移动计算能力来分析并预测用户场景化的媒介需求,这将推动智能媒体产业从即时响应向预测需求转变,进而激活用户的个人信息和内容消费市场,由于用户本身被深刻地洞察了,因此这样的媒介生产、集成、分发和消费必然是定向化、个性化和智能化的。移动计算带来的智能传播意味着内容提供者将不再向用户推送一些他们不感兴趣的内容,他们将利用所知的用户数据同时为媒介自身和媒介用户提供智能化的信息服务。

① 马尔科夫.与机器人共舞[M].郭雪,译.杭州:浙江人民出版社,2015:198.

四、加速智能进化的机器学习

无论是我们已经看到的互联网世界，还是正在成型过程中的物联网基础设施，抑或是那些被广泛连接的智能媒体设备，它们都处于一场无尽的技术升级竞赛中，而且快速迭代的周期正在不断加速，智能媒体的整个生态系统亦是如此。尽管我们对最新的 iPhone 智能手机已经非常满意，但是真正主导 20 年之后我们生活的智能媒体技术集群和产业生态都尚未发明或起步。智能媒体传播范式是媒介融合的高级阶段，但是我们现在所处的时代只是智能媒体传播范式的萌芽阶段，当前的智能媒体生态会在永不停歇的进化中被更新的智能生态所取代，而加速这种进化的除了技术本身的进化，最关键的就是处于智能网络中的智能媒体自身的学习能力。事实上，真正的智能媒体一定不会是某种完全独立的硬件设备（如未经联网的手机、平板或机器人），它广泛存在于整个由百万亿智能媒体节点组成的超级物联网之中，它是灵活的、嵌入式的、分布式的、没有固定形态而又无处不在的，任何与这一超级智能媒体的连接都是对其智能的分享与贡献，而脱离了这一网络的独立的智能媒体设备或节点则无法进行快速而聪明的协同学习和能力升级。智能媒体的生态系统会随着人们日益增多的使用而不断自我进化到更加智能的状态，它会将这次在媒介产品运营中学习到的经验运用到下一次的操作中，并随着数据的激增和算法的改进而持续进步。如今，Facebook 的智能算法已经能够识别你所上传照片中的好友，亚马逊的个性化内容推荐系统也能够向上亿的访客精准化地推荐其感兴趣的书籍或者商品，“谷歌正利用搜索改善它的人工智能，而不是用人工智能强化它的搜索能力，每当你键入一个查询词，点击一个搜索引擎生成的链接或是在网上创建一个链接，你都是在训练谷歌的人工智能”①。越多的人和物被接入并使用智能媒体生态系统，它就会变得越智能，这将会激励更多的智能设备成为其中的网络节点，从而形成智能媒体生态进化的正向反馈和良性循环。

第三节　智能媒体是媒介融合的必然产物

伴随着媒介传播技术及其相关联的媒介基础设施的嬗变，人类社会已经先后经历

① 凯利.必然[M].周峰等，译.北京：电子工业出版社，2016：37.

了口头传播范式、文字传播范式、印刷传播范式和广播传播范式等几个重要的媒介经济发展范式，当前的“互联网+”浪潮正在引领着我们进入一个全新的智能传播范式。事实上，“互联网+”已经成为深化媒介融合发展趋势的核心驱动力，它的延伸就是把这个集成世界网络中的所有人和物都连接起来的超级物联网，物联网正以其强大的生命力、渗透力和扩散力深刻地影响着媒介产业的生产方式、传播方式、消费方式、产品形态、商业模式和产业生态。它不仅打破和颠覆了传统媒体单向传播的线性思维，而且极大地扩展了互联网、移动互联网等新兴媒体的互动传播场景和领域，并最终推动着媒介融合驶入加速前进的快车道。

网络媒体的快速发展冲击了出版、广播、影视和娱乐等媒介产业的旧格局，因此，对媒介融合的早期探讨也主要停留在传统媒体如何与新兴的互联网和移动互联网媒体实现融合发展这一焦点上。事实上，经过 20 多年的数字化、网络化和产业化进程，无论是传统媒体还是新兴媒体，其基础设备、关键技术、内容格式、组织流程和互动方式都已经基本实现了数字化和网络化的管理与运营。例如，用户可以通过计算机、手机或其他移动设备阅读《纽约时报》《人民日报》的新闻内容；中央电视台、湖南电视台、东方卫视等电视媒体也都在三网融合时代重点布局了 IPTV 互动电视、网络电视台或移动客户端；而互联网出身的乐视则构建了包括电视屏幕、计算机屏幕、电影屏幕、手机屏幕等在内的全屏生态圈。这也就意味着无论是传统媒体还是新兴媒体，在媒体形式和内容传播等方面都已经成为融合化的媒体，其技术特征集中表现为数字化和网络化，过去对于传统媒体与新兴媒体的界定标准已经丧失了其根本意义。

然而，媒介融合的进程并没有随着媒介产业内部各个分子系统的融合而结束，恰恰相反，所有媒体的数字化、网络化和融合化都只是更深层次的媒介融合的开始，它标志着媒介融合进程发展到了一个更高级的阶段，那就是“互联网+”和物联网技术体系驱动下的媒介跨界融合与媒介智能传播时代。演化经济学的观点认为，经济发展史上的每一次重大变迁都是科学技术革命包括信息传播技术在内的全新通用技术体系的变化导致的，并在此基础上发展出了技术经济范式转换理论。无独有偶，美国当代著名思想家杰米里·里夫金也提出了类似的观点，他认为每次工业革命都有与之相匹配的“通信/能源矩阵”，这一矩阵构成了经济发展的基础设施。“纵观历史，大规模经济转型都出现在人类发现新能源并建立新兴通信媒介之时。能源和通信媒体的融合建立了重组时空动态性的矩阵，从而使更多的人走到一起，在复杂的、互相关联的社会组织中凝聚在一起。附属的科技平台不但成为基础设施，也决定了组织运营经济的方式。"[①]这意味着，媒介产业不仅仅只是一个无差别的产业类别，更重要的它还是整个产业经济发展基础设施的重要组成部分，如果没有媒介传播，我们就无法有效地管理整个经济活动。

媒介融合进程的深化意味着信息传播功能以前所未有的深度和广度渗透到经济与社会肌体的每一个角落，从而形成泛媒介化或媒介泛在的趋势。"互联网+"突破了媒介产业内部之间、媒介产业与其他产业之间的传统界限，加速了跨界融合创新的步伐，物联网创造了一个人人参与、万物互联的信息民主化生产与全球化流动的传播景观。这是一个点对点的、分布式的、不可分割的全球性神经网络，所有接入其中的组织、个人、实物、事件和流程都将成为信息的生产者、传播者和消费者，在本质上具备了媒介的基本属性和功能，从而成为某种形式的不同于传统媒介类型的自媒体。企业的应用程序可以是某种媒介，网红微信订阅号可以是某种媒介，智能家用电器也可以是某种媒介，新的信息传播技术有机融合进新经济的通用技术与基础设施中，推动着技术经济范式的转换，也预示着媒介权力从少数人向多数人的流动以及传播的民主化。

数以万亿计的网络节点所产生的规模巨大的数据在物联网中自由流动，客观上要求作为经济发展基础设施的物联网必须具备对这些信息和数据的强大计算能力和自动处理能力，这种能力是过去任何一家大众传媒组织或者任何一个政府部门都无法具备的，即便是诸如谷歌、脸书、腾讯或阿里巴巴这样新兴的互联网巨头也难以具备。只有群体智能的协同才能创造这样的超级智能，它应该由智能的网络连接和智能的终端设备两大主体部分构成。在宏观层面，物联网本身就是一个庞大的超级智能网络媒体；而在微观层面，每一个被接入物联网的节点都成为被嵌入了感知和计算能力的智能媒体终端，在未来的20年内，将会有百万亿数量级别的物体作为智能媒体节点接入物联网系统，从而成为超级智能网络媒体的协同参与者。数字化和网络化是媒介融合的初级阶段，泛在化和智能化则是其高级阶段，计算机领域将这种新的媒介融合趋势称为物联网化。随着计算能力的指数级增强和计算成本的指数级下降，我们赋予日常生活中更多物体以智能媒体属性的动机将会变得越发诱人；而就在不久之前，这些物体既没有媒体属性也不具备智能能力。"随着这些事物越来越智能，越来越了解它们的用户，即使没有人工干预的存在，它们彼此间也会开始越来越频繁地互联互通……

---

① 里夫金.零边际成本社会[M].赛迪研究院专家组，译.北京：中信出版社，2014：22.

在不久的将来，大部分流量来自物，而不是人。”①到那时，我们也将全面进入智能媒体传播的全新时代。

我们的媒体正在经历从传统媒体到数字媒体再到智能媒体的进化过程。信息革命的浪潮前赴后继，一波波的核心技术正在媒体领域乃至各个产业经济领域被普遍应用，信息技术（information technology）的浪潮颠覆了媒体从业者对传统媒介信息的理解，信息技术的浪潮颠覆了媒体从业者对传统媒介载体的理解，而如火如荼的信息技术浪潮则正在从根本上彻底颠覆媒体从业者的传统认知方式、思维方式和行为方式，在不间断的技术浪潮之下，今天的媒体与传统的媒体已经不是同一物种了，就好像新的智能手机与传统按键手机的区别那样，新的智能媒体与传统媒体之间的区别也是质的区别，而不只是量的差距。而事实上，即便是那些今天依然被大众视为传统媒体的组织、机构或者媒介形式本身，在经历了2000年左右开启的那轮数字化进程和2010年左右开启的那轮数据化进程之后，今天的它们也已经在很大程度上进化到了一个更高的阶段。当然，无论是新媒体还是传统媒体，进化是永不止步的，除非技术停止了更新迭代。但这样的假设本身就不切实际，除非人类社会面临世界末日。

事实上，每一波技术的加速进化都给全球的媒体产业带来了巨大的红利，从广播电视技术到互联网技术再到今天的物联网技术，从虚拟现实技术到人工智能技术再到个性化算法技术，越来越多的用户被连接并被赋能，越来越多的用户能够在任何时间、任何地点、任何场景下利用自己手中的智能硬件设备进行更加个性化和便捷化的内容生产和内容消费，从而带来了数据的爆炸式增长。对于依然处在不断进化中的智能媒体而言，传感设备、人工智能、人机互动等都只是它的形式，数据挖掘、深度学习和算法迭代才是它的本质和未来。至于互联网、移动互联网、车联网、物联网都只是整个网络社会进化的一个阶段或过程，而不是最终的形态或结果。同样的，数字媒体、智能媒体或者未来的其他媒体形态也不是技术进化的终极目标，因此站在这个角度来看，所谓的传统媒体已经不再只是指报纸、杂志、广播、电视四大媒体，那些曾经烜赫一时的门户网站、博客论坛乃至视频网站在今天的智能媒体面前也已经变得非常传统甚至保守。当然，传统媒体、数字媒体、智能媒体乃至超智能媒体会在一定程度上同时存在，但旧世界、旧媒介和旧思维再也不可能成为整个媒介生态中的主流或主导力

---

① 苏达克.数据新常态[M].余莉，译.杭州：浙江人民出版社，2015：15.

量了，尽管我们依然会对传统媒体乃至数字媒体的思维方式和行为方式产生很强的路径依赖性。

事实上，任何在过去的世界占据主流或主导地位的世界观和方法论都不可避免地在开启新世界的路上充当拦路虎和绊脚石的角色，它们压迫甚至排斥新技术、新媒介、新思想和新业态。因为成功的媒体形式、媒体组织或者媒体产品都像成功的经验和制度一样，会有着强烈地复制和扩张自身的巨大冲动，直到整个组织乃至整个社会被锁死在早已经僵化但在过去非常成功的认知和思维陷阱之内。信息技术、传播技术和媒介技术的本质在很大程度上与制度的本质是相通的，它会因为自身所特有的强烈的路径依赖性而把传媒从业者的思维和能力锁入现有的路径惯性之中，轻则令其丧失主动变革的动力，重则彻底被时代的大潮淘汰。对于有着较为悠久历史的四大传统媒体而言，恰恰是因为它们的历史太久远、经验太丰富、光环太耀眼，使得它们在转型和进化过程中面临着太多的难以割舍。诚然，传统媒体所积累起来的很多经验是宝贵且值得传承的，我们不能放弃这些财富，但我们也必须要改造它们、扬弃它们、丰富并完善它们——用新的技术和新的思维。

然而，技术并不会因为个体、群体、企业、社会被锁死在传统的路径依赖中而停止进化。大数据技术在本质上的突破性进展，人工智能技术在多领域中的广泛运用，机器学习技术在个性化算法方面的不断优化，都使得当下的这场媒体生态变革不仅仅是信息的大爆炸、数据的大爆炸、知识的大爆炸、舆论的大爆炸或者内容的大爆炸，而且是由技术本身驱动的媒体创新大爆炸、媒体产品大变种、媒体生态大重构、媒体产业大迁徙。从更深层次的意义上来说，我们正在进入一个媒体技术、媒体产品、媒体思维不断创新、不断重构和不断突变的媒介生态新周期，它的生存法则和死亡密码与原来的传统媒体完全不同，它的成长路径不是线性的而是非连续性的，它的发展不是点状的而是网状的。这让太多的从业者和研究者感到一种莫名其妙的兴奋和发自心底的焦虑，因为我们从来没有如此近距离面对未知世界的体验，这种体验既让人兴奋又满怀恐惧。

数据显示，中国移动互联网活跃终端的数量已经突破 10 亿，2025 年之后中国还有望成为全球最大的 5G 市场，随着移动端成为用户接触互联网的最主要方式，人机互动、机器间传播以及更加智能化的媒体场景将会越来越多，建立在数据、算法、万物互联和深度学习逻辑之上的智能媒体生态正在加速形成。

技术是什么？媒介是什么？信息是什么？体验是什么？智能是什么？以及它们是如何发生的？如何进化的？或者如何消失的？对于这些问题我们所有的人感到既熟悉又陌生。熟悉是因为我们每时每刻都在与它们打交道，它们就在我们身边，就在我们的生活中；陌生是因为我们不知道如何界定什么是智能媒体，不知道如何去阐释技术创新所带来的颠覆性影响，不知道如何去形成一整套关于信息、技术、媒体、智能的遗传与变异的进化理论。我们当然清晰地知道这种进化已经使得旧范式无可挽回地崩塌了，但我们所有人却不知道新的范式是否正在确立的过程中。因此，当前正在发生的智能媒体事实和在学术上正在探讨的计算传播学的分支是不是可以赋予这个时代的传媒产业实践和传播学术研究以一个全新的、有助于我们看清整个媒体生态的逻辑框架，这尚有待时间的检验，但技术的魂灵通过人类发明家这一媒介完成了自身对社会的改造和构建确是无可争议的。

还有另外一个值得关注的现象就是本轮以人工智能为核心的信息技术革命是与生物技术革命相互叠加在一起进行的。尤瓦尔·赫拉利在其为人津津乐道的简史三部曲的最后一部《今日简史》中有着非常明确的表述，他认为“信息技术和生物技术的双重革命不仅可能改变经济和社会，更可能改变人类的身体和思想。通过生物技术和信息技术的革命，我们将会有能力控制自己的内在世界，也能设计和制造生命。我们将能学会如何设计大脑、延长生命，也能选择消灭哪些想法，但没有人知道后果会如何。人类发明工具的时候很聪明，但使用工具的时候就没那么聪明了”①。事实也的确如此，无论是人工智能还是生物技术革命，其本质都是人类对信息、对技术、对生命本身的观念革命，人工智能技术使我们能够更好地改造我们的外部世界，而生物技术则使我们能够更好地改造我们的大脑、心智乃至基因。二者叠加所形成的双重革命在媒体领域交汇则会更直接也更深刻地影响未来的智能媒体生态，这使得信息的生产和传播会更加符合人类的生理和心理需求，也更加符合外部的环境和场景变化。

今天，技术正在以一个全新的广度和深度为人类构建着智能媒体的生态圈，它使得信息和数据传输的密度更大，感知和认知的层次更深，连接和影响的范围更广，计算和融合的速度更快，互动和更新的频率更高。这一切都与能够连接万物、驱动万物、赋能万物、重构万物的智能技术密不可分。恰恰也因此，智能媒体时代的时空转换和记忆停留才会变得更加快速和更加短暂，这就会导致那些在主流化过程中的媒体思维和

① 赫拉利.今日简史[M].林俊宏，译.北京：中信出版社，2018：8.

媒体产品在还没有完全形成一种僵化的路径依赖套路之前就发生了彻底的突变、升维或易种，而传媒产业本身的特性、形态和规律也变得完全不同于以往。可以说，今天的这个智能媒体时代，对所有媒体从业者和研究者不一定是最好的或最坏的时代，但一定是一个最新的时代，我们所有人都站在了一个时代与另一个时代、一个生态与另一个生态的分界线上。在这个分界线上，很多有形的衡量标准消失了，例如年龄、地域、财富或教育等，新的技术再次赋予了那些看似一无所有的创新者更大的可能性，同时也有可能使那些抱持着旧思维和旧逻辑的人在一夜之间变得不知所措。回首短短20年的21世纪媒介生态变迁史，先后经历了网络连接作为核心驱动力与数据赋能作为核心驱动力的两个不同阶段，如今智能算法正在接替数据赋能成为全新的媒介进化引擎，然而这并不像我们开车那样是一个简简单单的换挡动作，挡位切换造成的是线性加速，而引擎切换造成的却是指数级的加速。

可以说，人工智能技术经过半个世纪多的不断演化积累，正处于质变井喷的前夜。无论是传统媒体还是数字媒体，如果不能紧紧地把握住这一轮的技术变革潮流，就有可能遭受新的媒体物种带来的降维打击和威胁。几乎所有的媒体及其从业者都意识到了这个问题，毕竟人工智能技术正在与媒体生产传播的各个环节发生越来越多并且越来越强烈的化学反应，这种影响将在未来很短的一段时间内向着前所未有的广度和深度延伸，从而对媒体内容的生产消费逻辑和技术框架造成根本上的颠覆，进一步导致整个传媒产业和生态的重新洗牌。

当然在我们从传统媒体时代向数字媒体时代过渡的过程中，最大的难题并不是来自技术或者发明技术的人本身，而是来自广泛使用技术的组织尤其是组织中的人。相比起技术的快速变革，人类自身的思维和能力的变革实际上要缓慢得多。德勤咨询《2018企业中的人工智能调查报告》明确指出：(人工智能技术应用方面的)先行者需要合适的人才组合——而不仅仅是技术技能——来加速他们的进步。他们缺乏人工智能研究人员和程序员，也缺乏最佳应用案例的商业领袖。这一观点同样适用于那些在传媒产业变革中走在前列的先行者。当前的很多媒体机构尤其是传统媒体组织内部，在转型过程中的最大短板除了体制本身，就是人才。媒体走向算法时代和智能时代是不可避免的，但绝大多数公司都难以组建一支非常优秀的算法团队，媒体行业也会面临此类问题。在传媒领域，最稀缺的人才就是那些既懂人工智能技术又懂媒体内容产品的复合型人才。然而这种人才往往是可遇而不可求的，并不是传媒组织机构通过人才招聘或者内部培养就能够获得的。更何况,任何一家媒体组织在迎接和拥抱智能媒体大变革的同时,都必须要处理好增量价值与存量问题之间的关系。什么样的转型战略和落地策略能够在增量与存量之间、人工智能和人类智慧之间实现一种最优化的组合,并不会有一个放之四海而皆准的通用版解决方案。毕竟在媒体的创意、创造和创新方面,人类的大脑、心智和情绪并非一无是处,甚至在很大程度上人工智能技术依然需要人类智慧来进行点睛式的参与、非理性的表达或个性化的判断。

第四节　智能媒体重构媒介产业

媒介融合的最终目的不是传统媒体与新兴媒体的融合,而是人与媒介的完美融合。如果在传统的大众传播时代,媒介还只不过是人体的延伸,那么在网络连接技术、云端计算技术、人工智能技术以及生物信息技术等融合创新的当前及未来,媒介将不仅仅是延伸,它有可能就是人体的重要组成部分,"我们与不断发明中的智能技术融为一体,基于加速回报定律,在未来的 30 年间,这些技术的功能会比现在强大十亿倍"①。在这个过程中,媒介领域很多原来清晰可见的边界逐渐变得模糊不清甚至消失。

一、万物皆媒

智能媒体传播范式的基础设施——"物联网"这一专业术语早在 1995 年就已经提出,但其引起广泛关注也只不过是近几年的事情,主要原因在于 20 年前嵌入各种连接节点设备的智能芯片和传感器价格相对昂贵,但近几年随着技术成本遵循着摩尔定律快速下降,物联网的形成也具备了现实的技术基础和经济基础。智能芯片、传感器、自动化、网络连接、大数据、算法、深度学习等智能技术以越来越低的成本嵌入我们日常生活的更多物体中,使它们具备了某种程度上的信息交互功能与媒介传播属性。在未来十年内,平均每个人将有 1,000 件以上的私人物品以近乎为零的成本连接到物联网中,这也就意味着通过物联网这样一个超级智能媒介,我们可以借助自己周围的任何一个智能媒体节点与接入其中的其他智能节点直接互动,而无须像过去那样通过层

① 库兹韦尔.人工智能的未来[M].盛杨艳,译.杭州:浙江人民出版社,2016:273.

层的中间转达环节。本质上讲,这是一个去中介化的伟大进程,而站在另外一个角度看,去中介化的实现恰恰是因为泛中介化现象的发展。过去,只有报纸、杂志、广播、电视、电报、有线电话等传统的媒介具有较为强大的信息传播功能,但是现在越来越多的设备具备了比这些传统媒介更强大的信息功能,一切都可以成为某种传播更便捷的媒介物。

因此,物联网作为超级智能媒介所带来的去中介化趋势与泛媒介化趋势共同构成了一个硬币的正反两面。当越来越多的物体被嵌入智能功能从而具备了媒介属性的时候,也就意味着我们正在重新定义媒介。在已经过去的几十年里,互联网的快速发展一次次地冲击着传统媒介所独有的传播功能和能力,使得我们不断地改变和调整对于媒介的传统观点和既有认识。我们喜欢将那些并不熟悉的、不同于以往的媒介形式称为新媒体,当技术创新发明了更多种可以接入物联网的智能设备之后,新媒体越来越多,泛媒介化现象会让我们在“媒介是什么”这一问题上做出更大的让步。事实上,自从互联网发明以来,传统媒体就陷入了一场旷日持久的身份危机,这种困惑与迷茫在泛媒介化的今天要么转变为一种清醒的重新定位,要么会进一步从失宠走向失落、从失落走向沦落。

二、丰裕又稀缺的注意力

与泛媒介化现象伴随而来的还有无处不在的媒介内容生产能力和消费需求,这也同样与上述包括物联网、大数据、云计算、人工智能等在内的大量技术创新密切相关。这些技术的广泛应用以及机器人劳动力成本的急剧降低正在将数以亿计的人类劳动——不仅仅是体力劳动,还包括大部分枯燥、重复、程序化的脑力劳动——从农业、制造业、服务业、娱乐业等几乎每一个领域中解放出来。在智能公路上,无人驾驶的汽车正在替代人工驾驶;在超市购物时,自动结账终端可以通过扫描用户手机上的二维码快速完成支付;在国际交流场合,智能语音软件正在取代人工翻译;在传媒产业中,机器生成的新闻也已经受到越来越多的关注。在这个超级智能的物联网世界里,我们被泛媒介化的智能设备所包围,而对智能设备的管理也逐渐取代了对人力资源的管理,人类以及人类的注意力则从过去各种繁杂的劳动中被解放了出来。媒介产业是典型的注意力经济,用户对媒介产品的消费同时也意味着媒介产品对用户注意力的收集与消耗，当越来越多的注意力从劳动中被解放出来之后，这些注意力将寻找新的依托从而转向了对媒介内容的消费。无处不在的智能媒体节点则起到了收集用户碎片化注意力的作用，在客厅、在卧室、在户外、在楼宇、在汽车火车上、在办公出差时，智能手机已经不再仅仅是我们身体的延伸，它反而更像身体的一个必不可少的部分，而我们的眼睛则时刻在寻找着超级智能媒体系统所传播的最新信息，注意力对媒介内容的消费需求从早晨睁开眼一直持续到夜晚闭上眼，而在过去，我们只有在忙完了一天的工作之后才有时间读读报纸、看看电视。

当然，在这样一个超级智能的泛媒介化世界中，人们更愿意把自己看作其中的参与者而并不甘心只是作为内容产品的消费者，于是从无休止的枯燥劳动中解放出来之后，人们利用简便易得的智能设备开始了其创意、创作、创造和创新的活动。自发性的媒介内容生产同样是用户注意力转移的重要方向，对他们而言，这是生活兴趣而非劳动责任，这是才华展现而非技能应用，这是协同分享而非单调工作。从这个角度看，人工智能嵌入物联网世界带来的除了泛媒介化现象，更重要的还在于它释放出的人类注意力促进了泛媒介化的内容生产与消费的极大繁荣。相对于这种内容生产与消费的无限性而言，单个用户每天 24 小时的注意力资源即便被全部解放出来，仍然显得十分稀缺，超级智能媒体生态将在这种注意力的整体丰裕与相对稀缺的关系中不断进化。

三、内容产消者

用户开始从媒介内容的消费者变成产消者，我们既生产各种形式的媒介内容以供他人消费，同时我们也消费那些其他用户生产出来的媒介内容，通常情况下，这种生产和消费的经济成本几乎接近于零。内容生产已经从过去集中化的、专业化的、组织化的生产模式向分散化的、随意化的、个人化的用户生成内容（UGC）模式转变。尽管由电视台、报社、杂志社这样的媒介企业生产的专业内容并不会消失，但从长远来看，用户生成内容的比重、质量和口碑在近十年来呈现出不断增长的趋势。

今天，我们已经习以为常的很大一部分免费内容，都是用户作为产消者的身份而不是专业的媒介机构所创造出来的，比如，淘宝网上有 50 亿条有关产品的用户评论；维基百科的 2,500 万注册用户、13 万活跃用户在十年时间内创造了 500 万个词条；YouTube 声称每月有 10 亿活跃用户，他们每一分钟都会上传 300 个小时的视频内容，以这些用户为主力制作的视频正在与传统的电视巨头争夺用户注意力……数十亿的内容产消者正在大规模地生产并消费着原来只有出版社、报社、电视台才能生产的媒介产品和媒介内容,他们每一秒钟都在释放出图书馆级别的内容产量。事实上,一位在线用户一年内生产的文字、图片和视频甚至会比过去许多作家、图片记者或者电视台生产的内容还要多。这种对于参与感的强烈需求已经改变了媒介产业的存在方式,并成为智能媒体时代媒介生产和消费方式的重要转折点,它的进一步发展甚至将会改变21世纪的媒介文化乃至人类文明的发展进程。这是一个媒介内容产消者的黄金时代,无论生产和消费都可以通过随手可得的接入物联网的任何设备完成,这些设备本身就是融合化、社交化和智能化的,产消者不需要具备太多的特殊技能就可以生产、上传或下载、消费一本书、一首歌、一段视频、一部电影。

可以说,社会化的智能媒体时代是一种全新的协同共享时代,数十亿产消者每天通过自己的智能设备花费大量的注意力为脸书、优酷、腾讯微信免费创造海量内容的同时,也免费获取着对这些内容的消费权利,他们报道并关注着身边的逸闻与趣事、总结并编辑着百科中的知识与经验、创作并评论着社交网络中的图片与视频。这种历史上最大规模的内容产消景观不是任何一家传统媒体组织能够塑造出来的,它存在于全新的由几亿、十几亿、几十亿产消者相互关联、自由交往、即时互动的社交网络之中,并将会在万物互联、超级智能的物联网时代创造出更多的新产品、新模式和新业态。

四、智能传播新业态

智能传播是一种全新的职业技能,也是对媒介边界以及媒介产业边界的一种全新的拓展,智能的嵌入改变了媒介的生存方式:物联网启动了大规模协同分享的群体智慧对媒介景观的改造进程,海量且即时的大数据改变了我们了解媒介用户的速度和方式,廉价高效的移动计算帮助我们更好地捕捉场景化创意的灵光乍现与场景化需求的瞬息万变,人工智能的深度学习则使得我们的智能设备在某些方面不但比我们做得更快更好而且能思考并完成那些人类无法做到的事情。在智能媒体时代,媒介产业从业者当前所从事的百分之八十以上的工作都将被智能设备所取代,从最外围的报刊书籍的印刷到最核心的新闻内容的采编,从最枯燥的内容排版到最有趣的广告创意,传播的基础设施在智能化,媒介设备在智能化,媒介产业的作业流程、所有环节乃至所有细节都在变得越来越智能化。更优秀的算法及由算法而强化的深度学习能力,使得智能设备及与之相匹配的智能程序不但能够完成任何与大量文字写作和编辑相关的机器新闻业务,而且还能更加轻松快捷地处理原来需要人眼识别的图片内容。例如,一家名为 Pixazaa 的图片匹配广告服务商可以迅速识别图片中的衣物、鞋帽、首饰等商品并向用户提供关于该商品的详细信息,脸书的智能算法能让机器在看过一个人的照片后就能从网上 30 亿人的照片中迅速无误地识别此人,谷歌的智能算法则能够为任意一张给定的图片写下相应的文字说明,并正确地描述图片中发生的事情。

物联网、大数据、智能算法、深度学习等相互关联的智能技术已经为智能媒介传播范式的开启做足了基础设施、生产要素、引擎驱动和发展动力等多方面的准备,它们与媒介产业中任何一个板块、一种要素、一个环节的创新组合都将引发一场化学反应,并催生出一种不同于以往的智能媒体新业态。唱片公司利用大数据和算法优化开发的智能软件来识别并预测潜在的热门歌手和歌曲;影视公司利用类似的智能程序分析其剧本是否可以拍摄成高口碑、高收益的作品,美国一家媒体机构甚至完全撇开职业撰稿人,利用智能算法创作出了包含海量信息的闲谈式体育评论原创帖;广告营销公司则开发出了基于人工智能的计算广告交易系统,不但能够将精准广告匹配给特定场景下的媒介用户,甚至还能够预测出用户即将出现的下一个场景及需求,从而将营销信息推送给他。此外,伴随着精准化媒介信息和内容的超载现象而来的是,越来越智能的媒介设备将会掌握用户的喜好和兴趣,并据此帮助用户选择接受或拒绝相应的媒介内容和信息服务。这一切都在不断地发生着颠覆性的变革,智能媒体正在并将继续刷新媒介产业的传播景观。

第五节 结语

智能植入包括媒介产业在内的越来越多领域的现有流程和进程中的应用实践已经将这些产业的效率提高到了一个全新的水平,并且还在以一个比当前更快的速度改变着它们。一方面,这个智能化产业巨变把越来越多的劳动力从形形色色的工作岗位上解放出来,使他们拥有了更多的注意力去生产和消费越来越多的媒介内容;另一方面,媒介产业自身的智能化革命也将原本需要人工从事的大量程序化的生产劳动转交给智能设备来完成,例如机器新闻和计算广告等业务。智能媒体生态还将以更加惊人的速度持续进化，当前我们所从事的大部分媒介业务在未来都将可能由智能设备完成，那么按照这样的逻辑发展下去，人类是不是无须再从事媒介生产，只要负责媒介消费就可以呢？

本质上讲，人工智能并不是人类智慧，二者的思维方式和工作方式存在着根本性的差异，虽然在很多方面智能设备能够比人类工作得更快、更强大、更完美，并将被驯化得更加聪明以便在越来越多的领域接管人类的工作。尽管人工智能能够帮助我们去完成那些我们并不擅长的工作，例如，人类思维的统计建模和数据分析能力在智能设备面前完全可以用相形见绌来形容，没有人工智能我们也无法生产出高度精密的现代设备；但是，认为人工智能有朝一日可以进化为人类智慧的想法在逻辑上却是彻底行不通的。对于新的信息服务和内容消费的内心需求将会驱动着人类智慧在文化创意、舆论引导、价值创造、社交管理等方面创造更多新的机器暂时无法胜任的工作，由于人类具有喜新厌旧的本性，因此我们还将不断创造更多元、更有趣、更适合发挥人的才华的媒介工作类型，并把已经枯燥厌倦的原有工作交给那些注意力集中、不会厌倦、没有故障、无须休息的智能设备。“当机器人变得足够复杂的时候，它们既不是人类的仆人，也不是人类的主人，而是人类的伙伴。”①因此，智能媒体时代并不是一场人工和智能之间此消彼长的博弈竞争，而是一场人工与智能相互促进的协同进化，智能媒体不但将人类带入一种新的媒介传播范式，也从根本上提高了人类的内容生产与消费能力、延伸了人类的创新与创意价值。

重要术语

智能媒体　媒介融合　移动计算　机器学习　注意力经济　内容产消者　智能传播

思考题

1.根据本章所讲内容，请简要论述智能媒体的特征。

2.为什么说智能媒体是媒介融合的必然产物？

---

① 马尔科夫.与机器人共舞[M].郭雪，译.杭州：浙江人民出版社，2015：208.

3.智能媒体是如何重构媒介产业的?

4.内容产消者有哪些行为特征?

5.在当前及未来的传播活动中,传播从业者应该如何处理人工和智能的关系?

第三章　智能媒体时代传播理念与逻辑重塑

第一节 个性化媒介需求是智能传播的出发点

“个体之间从学习能力到适应能力、从理解不同的想法到解决现实的挑战等方面都存在着巨大的差异”①,这种差异在今天的媒介消费需求方面也客观存在着。《数字化生存》作为一本信息产业领域圣经级别的必读图书,深刻地影响了全球的互联网领域和传播学世界,作者在书中激情澎湃地畅想了这样的未来:“你的界面代理人可以阅读地球上每一种报纸、每一家通讯社的消息,掌握所有广播电视的内容,然后把资料组合成个性化的摘要。”②这种伟大的构想就是风靡当下的个性化内容推荐系统的先驱思想,尽管我们已经对它习以为常,但在尼葛洛庞帝提出这一解决方案的时候,它无疑是一种前沿性的甚至是一种颠覆性的理念。几年之后,“针对分类目录和搜索引擎的不足,推荐系统应运而生,并于 20 世纪末成为独立的研究领域”③,但推荐系统有关的研究理论和技术成果在各个领域的大范围应用却是在 21 世纪第二个十年才开始的。

今天,安装在智能手机、智能电视、智能平板、智能手表等设备上的五花八门的应用程序正在借助个性化推荐技术竞相成为尼葛洛庞帝所说的这种“界面代理人”角色,以满足每位个性化的用户天差地别的信息互动和内容消费需求。在本质上,用户的个性化需求存在已久,只不过在过去信息渠道稀缺和媒介资源稀缺的环境下被忽视了。这一方面是因为传统大众媒介的印刷技术和广播技术无法支持大规模的个性化内容生产和分发机制,另一方面则是由于用户对于信息、内容和娱乐的消费需求还处在较为初级的卖方市场阶段。但随着网络传播和计算传播技术的普遍安装和广泛应用、传播话语权从传者本位向用户本位的过渡以及信息产品供求关系的天平逐渐向买方市场倾斜,这时候无论在基础理论层面、现实供求层面还是在传播技术层面,差异化的供给和个性化的需求之间达成某种意义上的精准匹配就成了一种市场必然。

客观来看,“人是同质性与异质性的统一,亦即在某些方面具有相同性或高度的相似性,在另外一些方面具有明显的甚至是极大的差异性……主体的适应性在某些时

① ROSELL-TARRAGó G, COZZO E, DíAZ-GUILERA A. A complex network framework to model cognition: unveiling correlation structures from connectivity[J]. Complexity, 2018.

② NEGROPONTE N. Being digital[M].New York: Alfred A.Knopf, 1995:153.

③ 陈昌凤, 师文. 个性化新闻推荐算法的技术解读与价值探讨[J]. 中国编辑, 2018, 106(10):11-16.

候呈现趋同化，在某些时候又有多样化的表现”[1]。异质性原则或者个性化原则描述了我们定义一个事物区别于其他事物的方式。[2] 一直以来，大众传播媒体在绝大多数的情况下无论是主动还是被动，都更倾向于将它的受众看作无差别的同质化群体，在这样的认识论基础上所形成的传播模式也遵循了同质化的内容生产和分发逻辑，尽管大众媒体也会试图通过区分不同版面、设置不同频道等方式对受众进行市场细分，但这在本质上仍然无法真正照顾到每位受众的异质性特征和个性化需求，因为无论认识论还是方法论都无法支持它对某一个异质性个体进行关注。只有借助全新的信息科技手段、数据挖掘工具和社会计算科学，我们才获得了全新的机会以便“在一个紧密框架下整合数据对个人生活进行定量化的描述”[3]，并借助不同维度的客观数据在个体层面上进行更加精准的用户画像，从而能够在信息过载的传播环境下更加清晰地把握用户的兴趣偏好并有针对性地进行个性化内容生产和分发，最终提升传播效果和用户体验。

因此，对用户的异质性特征和个性化需求的关注成为智能传播范式的逻辑出发点。从这个点出发去审视新闻资讯行业和视频娱乐行业，今日头条、抖音、一点资讯、快手、趣头条等在智能媒体时代快速崛起的传媒新秀显然没有沿着大众传播的路径继续探索，而是在解决现实传播问题的十字路口，选择了“利用智能算法，对用户接触信息的习惯和喜好进行数据分析和定位跟踪，并直接向用户推荐他们感兴趣的信息”[4]，而这里的用户是立体的、动态的、异质性的个体用户。尽管算法推荐并不排斥群体用户的共性需求，但大众媒体在很大程度上已经解决了同质化受众的传播问题，因此，计算传播更倾向于将其核心焦点放在解决当前更为迫切的个性化传播问题上。

同样的进程也发生在广告领域，消费者在物质消费和文化消费方面都越来越追求个性而非共性，以前的消费观是“我也想有一件和他一样的”，而今天的消费观是“我想要一件和他不一样的”，这种自我意识的觉醒驱动着企业投入更多的资源为用户量身打造更加个性化的品牌和产品，也驱动着营销机构投入更多的资源挖掘用户数据以便向不同的用户定向、精准地投放更符合他们需求的广告信息。“在计算科学的驱动下，广告的传播效果不断实现细分，经历了大众时代、分众时代，目前正在进入个众化

① 罗教讲，张东驰. 大数据时代的计算社会科学与学术话语体系重构[J]. 吉首大学学报(社会科学版)，2018.
② AUDI R. The cambridge dictionary of philosophy[M].2nd ed. Cambridge:Cambridge University Press，1999:424.
③ 伊格尔，格林.现实挖掘[M].吕荟，陈菁菁，译.北京:中信出版社，2016:25.
④ 范以锦.人工智能在媒体中的应用分析[J].新闻与写作，2018(2):60-63.

传播的阶段。”[①]这种“个众化”或者“微分化”的广告传播在本质上已经不同于传播效果中的“魔弹论”式的广告轰炸，它在本质上更像是一种信息服务，一种在品牌过剩、产品过剩、营销过剩、广告过剩的语境下为消费者过滤出最符合他们需求的产品或信息的个性化推荐服务。

为了强调新时代异质化的个体之于传播本身的重要性，Hippel[②] 将用户创新(user innovation)的概念引入传播学的研究，当越来越多的个体用户借助社交网络、即时通信工具、社会化媒体平台发布他们的个性化创意、需求或解决方案并主动参与产品研发、品牌营销、内容生产、社区互动等传播环节的时候，用户创新就发生了。无论是媒体还是企业，如果想要利用这种用户创新为自己的业务服务，就必须在战略层面真正将其业务的出发点不折不扣地聚焦于关注每一位异质化用户的个性化表达和个性化需求，同时在战术层面上应该“对用户的社交行为以及人们的行为方式在多大程度上取决于他们在自己的社交网络中的态度和行为这些事情更感兴趣”[③]。进一步地，要实现这种战略和战术的转型，就必须建立起一套数据驱动和算法驱动的方法论工具、系统或平台。因为，当我们开始关注上百万甚至数以亿计的有差别的用户以及他们时时产生的非结构化数据的时候，仅仅依靠人力分析和计算来完成数据的采集、存储、挖掘、分析、建模和推论是不切实际的，从这个角度看计算传播学的发生和发展，不但是必要的，而且是必需的、必然的。

当然，诚如前文所言，每个人都是同质性与异质性的统一体，每个人都是既有共性需求又有个性需求的，智能传播范式对于个体以及个性化需求的关注和强调并不意味着对大众的共性需求的无视，恰恰相反，它在利用数据思维和算法工具解决个性化需求的同时也很好地实现了优质内容的大众化、规模化覆盖，从而较好地满足了用户的共性需求。

第二节　实现供需精准匹配是智能传播的本质

尽管谈到智能传播就必然会使人联想到错综复杂的个性化的资讯推荐系统、程序

① 杨扬.计算广告学的理论逻辑与实践路径[J].理论月刊,2018(11):162-167.

② VON H E. Comment on “Is open innovation a field of study or a communication barrier to theory development?”[J]. Technovation, 2010, 11(30): 555.

③ VAN A W, PENG T Q. When communication meets computation: opportunities, challenges, and pitfalls in computational communication science[J]. Communication methods and measures, 2018, 12(2-3): 81-92.

化的广告投放平台、专业化的新闻写作分发软件、智能化的舆情监测管理工具等具体应用,其中涉及的信息采集、数据建模、算法开发、工具优化等技术操作更是让除数据科学家和算法工程师外的大多数普通研究者、从业者和用户望而生畏,但抛开这些具体层面的信息技术,计算传播的本质并不复杂:利用数据主义和计算主义的方法及工具,实现信息产品供给和媒介消费需求双方的精准匹配。例如,当前各大移动应用软件盛行的个性化内容推荐系统虽然离不开大量高深的算法和架构,“但其基础原理是朴素的:更好地了解待推荐的内容,更好地了解要推荐给的人,从而更高效地完成内容与人之间的对接”①,也就是我们这里所强调的内容供给与用户需求之间的精准匹配,“利用算法推荐,可以实现对用户画像的动态描述,进而达到千人千面,让每个生产者的新闻智能化精准匹配用户……让‘适合我的新闻资讯’成为新媒体传播的常态”②。再如,计算广告应用中非常重要的程序化投放环节,也需要高度依赖复杂的广告投放引擎、高效的迭代计算框架等关键技术,但所有这些技术应用都同时服务于一个最核心的问题,那就是“为一系列用户与环境的组合找到最合适的广告投放策略以优化整体广告活动的利润”③,也就是“计算广告”理念的早期倡导者和实践者 Andrei Broder 所主张的计算广告的本质在于“在特定语境下完成特定用户和相应的广告之间的最佳匹配”④。

事实上,无论对于计算传播所涉及的哪个具体细分领域,其主要技术研发和商业应用都一直紧紧围绕如下四个问题在不断深化发展:(1)加强对用户的了解,提供个性化的定制服务;(2)帮助用户找到自己喜欢的商品;(3)解决信息过载问题;(4)提高网站或移动客户端的展示与点击的转化率。⑤ 认真研究这四个乃至更多现实的传播问题,我们便不难发现,其实这些都指向信息供需双方的精准匹配问题,如果作为供给方的信息生产者和分发者所供应的产品或服务恰恰是作为需求方的用户在某一具体场景下想要获得的,那么上述四个问题便不再成为问题了:通过大数据思维和技术全面了解用户的目的,就是向他们提供精准化、个性化、定制化的信息产品和传播服务,这些做到了,点击率和转化率自然会提高,用户也就不用担心数据爆炸和信息过载

① 闫泽华.内容算法:把内容变成价值的效率系统[M].北京:中信出版社,2018:25.

② 张潇潇.算法新闻个性化推荐的理念、意义及伦理风险[J].传媒,2017(11):82-84.

③ 刘鹏,王超.计算广告:互联网商业变现的市场与技术[M].北京:人民邮电出版社,2015:23.

④ 资料来源:BRODER A Z, Computational advertising and recommender systems, Proceedings of the 2008 ACM conference on Recommender systems。

⑤ 刘凡平.大数据时代的算法:机器学习、人工智能及其典型实例[M].北京:电子工业出版社,2017:188.

会使他们陷入不知所措的境地了,他们只需要选择系统已经过滤好、筛选好或者匹配好的那些推荐项即可。当然,对这种计算传播理念和实践持悲观态度的批评者一定会继续问:"如果推荐项过多该怎么办呢?"造成这个问题的根本原因只有一个,那就是我们对用户的了解还不够全面,我们的推荐引擎和匹配算法还不够成熟,从而使得我们最终得出的推荐项还不能真正符合用户需求,其解决方案就是继续在上述四个方面强化能力、精益求精。

纵观整个传播技术史就会发现,我们所经历过的媒体编辑主导的信息匹配、搜索引擎主导的信息匹配、社交关系主导的信息匹配以及推荐系统主导的信息匹配等几个主要的传播模式,在信息匹配的精准度方面都还有很大改进提升的空间,但总的来看,个性化推荐内容的精准度整体要高于过去的报纸、电视等同质化内容的精准度。尽管当前的计算传播理念和技术应用在各个领域中还存在这样那样的问题,但无论是算法偏见还是价格歧视,无论是"信息茧房"还是数据鸿沟,其实质问题都在于目前的算法还不够完美,从而导致对供需双方进行匹配的结果不完美。但这并不意味着我们要放弃这个新的范式,相反,我们应该给予它更多的关注、使用、研究和改进,因为从目前来看,基于大数据的算法要比报纸编辑、搜索引擎甚至你的亲朋好友更了解你的过去、现在乃至未来,更了解你此刻想要什么以及你明天真正需要什么,并在所有的选项中将最合适的信息、商品或服务推荐给你。毕竟,充斥在我们身边的信息噪音不断地增多以致我们必须适时迭代过滤这些干扰的方法以避免陷入一种选择焦虑的困境之中,没有人真的有能力把过去 24 小时上传到互联网上的文字、图片和影像信息逐一不漏地浏览一遍,也不会有人在电子商务网站上比较完所有的手机之后才决定最终要购买哪一款。

在今天的智能媒体时代,信息、内容、娱乐、媒介、渠道、终端都不再是稀缺的,唯一稀缺的只有用户的注意力,生命太短暂、时间太有限,媒介世界中等待着我们去阅读、观看、体验、探索的信息又实在太多,而且还在加速增多。在这种背景下,以资讯推荐系统、程序化广告投放系统为典型表现的计算传播模式"一方面,实现了对传统的用户信息接收行为模式的颠覆,打破了过去用户被动接收信息的局面,实现了迅速的个性化推荐……另一方面,算法技术节省了用户的时间成本,提高了信息的阅读效率,实现了信息的精准分发"①。所以，尽管过去的媒体编辑推荐、搜索引擎推荐、社交关系推荐等诸多方式依然还在发挥着其应有的价值，但在智能媒体时代我们重点要做的却是想尽一切办法提升算法推荐系统的匹配度或精准度，借助快速发展的深度学习技术和人工神经网络手段，我们完全可以做到这一点，匹配算法能够"从极大的数据量中学习，对未来作出预测，让机器变得更加聪明"②，从而更加准确地预测用户在特定场景下的具体需求，循序渐进地提升匹配度。换句话说，趋于完美的计算传播模式应该是这样的："你只会遇到那些此时此刻与你完全匹配的事物……唯一在前方等着你的就是那成堆的令你疯狂的事物。"③

第三节　智能传播认识论的基础是数据思维

大数据是现实世界的万事万物与数字世界的各个触角之间相互作用产生的全部信息的合集，它可以是多年累积、纵向采集的关于某一位人物、某一种事物、某一个机构的单一变量信息，也可以是在较短时间内横向采集的涵盖范围广泛的多变量信息。无论是进行与计算传播相关的学术研究还是产业应用，这些信息合集都是至关重要的数据来源，构成了整个传播世界的元数据，它记录着所有人日常生活、学习、工作和社交的所有数字足迹。同时，它也显示了这些数据是如何随着时间的推移而演变的，并向我们提供了用它来进行计算传播研究的全新视野和基本方法④。

事实上，大数据已经成为我们身处的这个世界的一个最基本特征，任何传播行为和传播活动都已经无法离开比特时代的海量数据而退回到原子时代那种简单的大众传播模式，当我们通过互联网浏览新闻的时候、当我们通过车载媒体收听广播的时候、当我们通过智能电视观看球赛的时候、当我们利用移动终端应用进行社交的时候，不同场景下的不同设备都在实时采集着与我们的信息传播和媒介消费行为密切相关的多维数据，并且直接将这些数据发送给远程服务器进行计算，以便能够在下一秒向我们提供更加便捷的路线导航服务或者更加有趣的内容推荐服务。也恰恰是这些通过

① 周建明，马璇.个性化服务与圆形监狱：算法推荐的价值理念及伦理抗争[J].社会科学战线，2018(10)：168-173.

② 麻省理工科技评论.科技之巅：50大全球突破性技术深度剖析[M].北京：人民邮电出版社，2016：186.

③ 凯利.必然[M].周峰，董理，金阳，译.北京：电子工业出版社，2016：192-193.

④ WEBER M S. Methods and approaches to using web archives in computational communication research[J]. Communication methods and measures, 2018, 12(2-3): 200-215.

高密度存储设备和低成本云计算服务处理的海量数据，为传播领域的学术研究和应用开发提供了他们看待传播世界的新视角、探索传播模式的新观点、解释传播行为的新工具。尽管对用户而言，传播行为或传播活动是实在而且具体的，但在研究者和开发者的眼中，无论是单一信息的传播路径还是整个世界的传播结构，都表现为相互关联、相互作用的抽象数据，正是这些规模大、变化快、维度多的整体数据而非过去传统统计学意义上的抽样数据，为今天的智能传播提供了彻底不同于以往的看待传播世界的方式。

因此，在这个意义上，我们不能将大数据仅仅停留在方法论层面的技术、工具和手段上，其更重要的价值在于，它是一种思维方式，是一种世界观。当传播学的世界观发生了本质上的变化之后，曾经看上去坚不可摧、牢不可破的经典传播学生态体系中的枝枝叶叶和角角落落便都会随之发生相应的变化，有的部分黯然退场了，有的部分轰然倒塌了，有的部分悄然代谢了，有的部分骤然成长了。的确，正是因为对于用户、对于传播、对于世界的认知角度和认知层次在大数据时代发生了本质的变化，学术领域对传播活动的研究焦点才发生了转移，产业领域为用户提供的传播服务才得以不断地推陈出新，我们才有机会使用那些更个性化更智能化的媒体应用。例如，你的智能手机及其背后的服务提供商完全能够透过数据看清你的信息、媒介和文化消费需求，并“帮助你安排行程、提供活动建议，或者在没有手动设置的情况下发出提醒，在影院自动关闭手机铃声……熟悉你生活习惯的手机还可以为你推荐酒吧，或者刚好在你想要尝试去一家新餐厅吃晚饭时向你推荐一家正合你意的餐馆”①。

而事实上，数据思维对传播观的改造，绝不会止于仅仅影响传播研究者和传媒从业者这些专业人士，它所带来的更大的变革还没有真正发生——那就是当所有的用户都开始用数据看待与他自身息息相关的信息传播和媒介消费的时候，他们会对服务提供商提出更多的个性化要求，这才是影响未来传媒产业发展最突出的问题。而目前，我们只是刚刚站在这场巨大变革的起点上，无论从理论上还是从技术上来讲，用户已经完全能够实时地、自动化地获取与他相关的全面数据了，而要真正促成巨变的发生，接下来应该做的就是改变用户的世界观、数据观和传播观。事实上，无论对于媒介组织还是普通用户而言，数据规模的爆炸式增长都是显而易见的，但大部分组织和个人都还尚未形成真正的数据观，以致虽然数据随处可见，我们却不能很好地用它来服务

① 伊格尔，格林.现实挖掘[M].吕荟，陈菁菁，译.北京：中信出版社，2016：4.

于日常业务或者日常生活。

毫无疑问,今天的智能媒体时代是一个"数据赋能"或者"数据使能"的全新时代,这也正是大数据对传统大众媒体的生产、分发、传播、消费和互动模式所带来的颠覆和冲击。身处这个时代的每个人和每个组织,无论在智能媒体价值链的哪个环节之中,都要高度重视数据作为一种基础设施或基本要素的重要价值:"数据就像海边的沙子,信息是埋藏在沙子里的珍珠;历经淘洗反复筛选制作成的项链就是知识,能把精美的项链戴在心仪的姑娘胸前,是为智慧。"①智能媒体语境下的计算传播观就是建立在数据这种基础要素的前提之下的:数据就像海边的沙子,埋藏在沙子中的珍珠就是与用户个性化需求高度相关的信息,能够不断加工这些数据发现有价值信息的方法和算法就是知识,而不断地提升推荐选项与用户需求之间匹配度的能力就是智慧。

在大数据的基础上,包括传播学者在内的大量计算社会学家和数据工程师正尝试利用日益强大的前沿计算技术去探索传统学科研究之外的新可能,这些新的信息、知识以及智慧,都埋藏在大数据的沙堆之中,等待着媒体、企业、政府以及有兴趣的个人去挖掘它、分析它、激活它、利用它。对大数据的重视和运用使人们获取信息和传播信息的态度、观念、媒介和策略都发生了根本性的变化,从而也将媒体行业的发展推进到了一个数据驱动转型的阵痛期,现在对谁是数据赋能浪潮下最终的赢家下定论还为时尚早,无论是纸质媒体还是移动媒体,无论是电视媒体还是网络媒体,都还有着巨大的发展潜力和机会。但关于智能媒体时代的产业格局有一点是确定的,那就是真正掌握传播话语权的并不是那些拥有大量数据资产的组织或个人,而是那些能够挖掘数据、分析数据、变现数据的组织和个人,谁能做到"点数成金",谁就掌握着通往智能媒体世界、发现用户个性化需求、优化推荐系统匹配算法的金钥匙。用好这把钥匙,不但能够解决传播研究和传媒实践中的许多旧问题,还可以发现并克服更多新的市场难点和痛点。

事实上,在高度依赖数据的智能媒体时代,除了用好数据解决问题的能力,更重要的是提出问题的能力,因为大数据创新需要提出有现实意义的前瞻性问题。中国科学院鄂维南院士曾经在"数据科学与信息产业大会"的发言中谈到,科学研究最重要的一环是提出前瞻性问题。提不出问题,就只能跟在别人后面,走一条从文献到文献的路子。所以,用大数据的认识论和方法论发现问题、研究问题和解决问题的过程在本

① 赵国栋,易欢欢,糜万军,等.大数据时代的历史机遇[M].北京:清华大学出版社,2013:103.

质上就是释放大数据的价值的过程。

第四节 智能传播方法论的关键是算法逻辑

释放大数据价值的过程当然不是主要由人工完成的,算法才是加工数据匹配供需的新引擎,它"发挥了极其重要的作用,帮助我们在每天产生的多达 2.5 艾字节(是人脑信息储存量的 100 万倍)的数据海洋中航行,并得出切实可行的结论"①。面对源源不断产生的数据规模和传播问题,算法承担着帮助我们化繁为简、去芜存菁、给出答案、得出结论的重要任务,并在技术理性主义和数据客观真实的假设前提之下建立起了基于数据要素和计算能力的传播新秩序。

在算法的逻辑中,我们每个人的地理位置、目光焦点、呼吸节奏、心跳速率、口味偏好、消费记录、情绪状态等都是一种可以通过量化手段呈现并能用来进行统计推理的基础数据,无论出于什么样的目的、选取其中的哪些维度、形成了何种相关的结论,其本质都是一种通过算法得出的对于某个个体、群体、事件、行为的可理解的或可视化的定量描述。比如,算法可以得知用户感兴趣的商品、明星和内容,算法也能够总结出昨天的舆情事件从发酵到扩散再到高潮直至热度消失的整个过程,算法还能够预测哪些产品会成为爆款、什么样的短视频具有刷屏的潜力等。更复杂的算法还能够通过运用情感分析和语义分析技术综合考察用户在社交网站上发布的微博状态、图片内容、日志文章、视频类型以及评论回复等因素来推测用户的性格、职业、经济状况、可信赖程度等信息,以色列一位名叫盖伊·哈夫特克的创业者则利用网络游戏技术和深度学习技术开发了一套算法用来评价用户的理解力、洞察力、创造力和同理心等更加具体的性格指标,美国的一家创业公司则开发了能够浏览用户推特文章并以此为基础为用户定制个性化简历的算法。而另外一家名叫 Hunch 的创业企业则宣称,用户只需要回答他们所提出的五个问题,他们就能够据此推断出用户在商品和文化等方面的消费偏好,而其开发的 You are what you like 算法则能够通过分析脸书上的数据准确地反映用户的"个人喜好"与"社会维度"数据集之间的关系,随着它逐渐面向开发者开放使用其算法进行自助服务的 API,越来越多基于本地化或场景化信息服务的组织便能够

① 多梅尔.算法时代:新经济跌新引擎[M].胡小锐,钟毅,译.北京:中信出版社,2016:14.

进一步提升他们的推荐选项的精准度。① 还有更多类似的应用和案例向我们揭示着算法作为智能媒体时代的一种认识传播、重构传播和优化传播方法的基本逻辑：给算法足够的数据，让它找到个性化的信息生产和媒介消费解决方案；如果不够精准，那么就再给它更多的数据或者进行模型改进，从而迭代出更多样化的、更优秀的算法，用机器学习的专业术语来说就是“期望值最大化”的过程：只要事先定出一个学习目标，这些算法就会不断地优化模型，让它越来越接近真实的情况，机器学习训练算法迭代的次数越多，或者通俗地说学习得越深入，得到的数学模型效果越好。②

今天，我们正在把这些算法应用到更多更具体的领域中去，比如图像识别、影像剪辑、场景分析、新闻核查、噪音过滤等，尽管它们的功能和用途各不相同，但在计算传播领域中，所有算法在根本上都服务于一个清晰的核心目标：在最合适的场景下，把最合适的信息产品，传播给最合适的用户。无论我们用算法选择用户喜欢的明星，还是用算法加工用户评论最多的桥段，抑或是用算法针对不同用户调整排版风格或者字体大小，都是为了服务于精准匹配这一核心目标，使得我们向用户推荐的内容能够获得最优的传播效果、发挥最大的传播价值。

与算法有关的基本知识最初是提炼自这个世界、来源于这个世界的，而如今它已经开始重新塑造这个世界③，其巨大的威力已经深刻地改变了传播世界的旧有版图：我们开始越来越多地依赖算法来告诉我们这个世界发生了什么，你的附近存在着什么，甚至什么样的新闻、图书、音乐、电影、发型、衣服、景点、路线乃至配偶最符合你的口味，难道不是吗？几乎每位用户都曾经主动地点击过各类移动应用程序不时弹出的消息提醒，今日头条推荐栏中的内容是用户点击率最高的内容，抖音短视频的用户更是严重依赖推荐算法帮他们决定下一条视频的内容，微信更是持续不断地改进它赖以存在的社交关系推荐算法来提升其公众号文章和朋友圈广告的曝光率和点击率。在当下的中国乃至全球的每一个角落，几乎每一位互联网的接入者和智能手机的使用者都无可避免地被算法影响和塑造着，哪怕这其中相当比例的人压根都没有听说过算法、大数据、深度学习这些概念。而对于那些对大数据、算法有一定认知的用户而言，

① INDVIK L. Hunch now helps you discover what's best in your area [EB/OL]. (2010-08-24) [2021-04-15]. https://mashable.com/video/ai-art-exhibit-nyc/.

② 吴军.智能时代：大数据与智能革命重新定义未来[M].北京：中信出版社，2016：249-250.

③ SLAVIN K. How algorithms shape our world? tedglobal 2011[EB/OL]. (2011-06-11) [2021-04-15].https://www.ted.com/talks/kevin_slavin_how_algorithms_shape_our_world? language=zh-cn.

算法推荐则意味着"无论数据驱动的决策根源是什么,更多的数据给我们的决策带来一种根据感"。我们对于算法的信赖、依赖甚至仰赖已经到了史无前例的地步,在很大程度上是算法帮助我们进行决策,而不是我们以为的我们自己在掌控着媒介消费的船舵。

当然,这些决策中的绝大多数并不是那么严肃的、生死攸关的、轰轰烈烈的,它们更多只是涉及浏览哪些资讯、点击哪些视频、关注哪些娱乐、选择哪条线路等日常小事。当然我们也必须清醒地意识到,随着我们对算法所推荐的信息越来越依赖、越来越信任,我们的传播行为和生活方式也必然会在无形之中受到算法的改造,但这些影响并非全都是正向的、积极的,关键的问题在于我们利用算法的逻辑起点是什么,以及我们开发出了什么样的算法工具。比如近年来学界讨论的"信息茧房"现象,"对个性化算法可能带来的'信息茧房'问题,我们应该有所警觉。但……如果运用得当,算法也可能成为刺破'信息茧房'的一种武器"①,事实也诚然如此,算法既可以是强化"信息茧房"的蚕丝用来将用户的视野束缚得越来越小,反之我们也完全可以针对"信息茧房"困境开发出全新的算法,将越来越多的用户从狭隘的视野中解放出来。

更严重的算法问题也时有发生,比如 2018 年 5 月 5 日郑州空姐搭乘滴滴顺风车遇害事件,是算法高效地完成了顺风车供给和需求之间的信息匹配,然而这种信息匹配却不是完美的,而是致命的。停业整顿一周后的滴滴顺风车通过安全出行答题、身份证拍照、人脸识别、关闭个性化评论等方式进行了安全性能的提升,确保其匹配算法最终"可以参考的只有'信任值'"②,这样的恶性事件在另一个侧面也告诉我们:所有的算法都不是完美的,但算法本身存在的问题也是可以用新的模型或者新的算法改进的、优化的乃至杜绝的,关键在于我们是否意识到了算法本身存在的问题并努力去找到解决问题的新算法。就像腾讯控股的首席执行官马化腾和高级副总裁郭凯天近年来频繁强调的"科技向善"理念一样,"人的诉求不是随着技术的发展更黑暗,而是更光明、更自由、更强大"③。算法也是一种技术,尽管人们一度强调它是中立的、客观的、与价值观无涉的,但算法背后隐含的却是人的价值判断和选择倾向,这意味着计算传播过程中所涉及的算法直接影响着我们怎样认识这个世界、我们将会获得什么样的

---

① 彭兰. 假象、算法囚徒与权利让渡:数据与算法时代的新风险[J]. 西北师大学报(社会科学版), 2018, 055(5):20-29.

② 王玄璇,杨倩.滴滴顺风车:休克疗法之后[J].中国企业家,2018(11):6,66-69.

③ "科技向善"如何推动互联网产业刷新再出发[J].电子技术与软件工程,2019(3):13-14.

信息、我们正在被何种价值观念和舆论导向所影响等实实在在的问题。“科技向善的本质在于‘人是技术的尺度,关键是谁来用’”①,以及拿这些数据、技术和算法等用来做什么、是怎么用的、最终是用好了还是用歪了。

第五节 结语

我们正在从20世纪传统媒体时代的大众传播范式向21世纪智能媒体时代的智能传播范式转换,而数字媒体则是这个转换过程中至关重要的一个历史阶段和中间形态,它的快速发展推动着媒体产业迈向了它的更高阶段——智能媒体时代。尽管智能媒体形态和智能传播模式已经与20世纪截然不同,但我们在研究和应用过程中却“仍需要注重科学研究的传统,回到媒体的本体论问题,即什么是媒体,媒体的未来在哪里,以及人工智能为媒体的发展和进化带来了什么改变”②。我们对于媒介即服务、个性化需求、供需双方精准匹配、数据和算法驱动传播革命的讨论在一定程度上也是对这些问题的回应。20世纪最为人津津乐道的媒介思想家、电子时代的先知麦克卢汉曾经预见性地说道:“在当今这个时代,人的生存问题不是单纯的生存问题,而是给人的整个生存过程编程的问题。”③尽管他不曾亲眼看见这个时代的到来,但这种睿智的判断却与尼葛洛庞帝关于“数字化生存”的预言相映成趣,揭示了智能媒体时代的传播图景:我们正在把物理、生理、心理等不同的客体数字化和数据化,然后利用这些数据对整个世界中所有的人、事、物进行计算、画像、编程和匹配,以最大限度地保证每位用户获得的那些信息正是他在特定的场景下最需要的。这是一种不同于大众传播范式的全新的传播观和方法论。

重要术语

计算广告　计算传播　异质性原则　用户创新　程序化广告　算法推荐　数字化生存　数据思维

---

① 丁道师. 科技伦理观的两次进阶:从“不作恶”到“科技向善”[EB/OL].(2019-01-14)[2021-09-15]. http://www.hinew8.com/e/action/ShowInfo.php? classid=1&id=1595245.

② 吴舫,崔迪.智能媒体时代的传播学研究:元问题与方法论[J].出版发行研究,2018(2):68-71.

③ 麦克卢汉.媒介与文明[M].何道宽,译.北京:机械工业出版社,2016:159.

思考题

1.智能传播时代,用户媒介需求有哪些特点?

2.计算传播的本质是什么?

3.智能媒体时代的产业格局会发生哪些变化?

4.如何理解智能传播时代的"信息茧房"问题?

5.智能媒体时代的传播理念和逻辑发生了哪些变革?

第四章 智能媒体语境下的计算传播

进入21世纪第二个十年之后，计算传播学因其全新的概念、假设、思维和方法而在传播学的理论界和产业界引发了广泛的关注，并在本轮信息技术革命的催化之下逐渐形成了一种新的传播学研究范式。它冲击着既有的传播学研究版图、消解着现存的传播学话语体系、完善着传播学的理论框架、重构着传播学的世界观和方法论。本书以拉斯韦尔的5W传播模式为切入点，重点分析了计算传播学这一新范式对经典大众传播研究的领域、焦点、思路和方法的继承与重塑，并提出了范式转换下的计算传播学理论拓展的核心议题。

第一节　大众传播模式与计算传播逻辑

“在传播研究引进中国的过程中，拉斯韦尔的《社会传播的结构与功能》向来被认为是一篇重要的启蒙文本……中国的传播学教科书里不但重点介绍这篇文章中提到的传播的‘5W’模式和大众传播的社会功能，甚至大部分教材的框架还以‘传者—媒介—内容—受众—效果’这五个部分为结构。”[①]事实也诚然如此，尽管拉斯韦尔一生著述丰富，但大多数的研究者仍然通过这篇被广泛引用的论文来总结他对于传播学的主要贡献。这篇论文一问世就受到了广泛的关注和普遍的赞誉，学术界甚至毫不吝惜溢美之词，将之奉为传播学的独立宣言。这篇论文开篇第一句话所涵盖的5W传播模式深刻地影响了传播学研究的关键问题与核心价值。这一句话是：“谁？说了些什么？通过什么渠道？对谁说？有什么效果？（Who? Says What? In Which Channel? To Whom? With What Effect?）”后来的研究者将之总结为5W传播结构并在此基础之上引申出了直到今天依然占据传播学研究领域的五大经典议题：控制分析、内容分析、媒介分析、受众分析和效果分析。

与5W传播结构密切相关地，这篇经典文献还提出了传播三功能学说，用拉斯韦尔本人的原话来说就是：“我们感兴趣的不是切分传播行为，而是将其视为与整个社

① 刘海龙.一篇存在争议的传播学奠基文献[J].国际新闻界，2009(2)：9-14.

会过程相关的一个整体。任何过程都可以用两个参考框架即结构与功能来考察。我们的传播分析涉及具体功能,能清楚辨析者有三:(1)守望环境;(2)协调社会各部分以回应环境;(3)使社会遗产代代相传。"①尽管国内外传播学界关于三功能的提法还存在大量的探讨与争论,但任何对传播功能的研究都无法绕开拉斯韦尔及这篇论文。"功能决定结构,这个逻辑是标准的结构功能主义,因此,在传播学上,将结构功能主义引入传播学并奠定传播研究基石的人确实非拉斯韦尔莫属,有学者甚至认为拉斯韦尔是传播学主流学派唯一的创始人。"②这篇论文发表后的70年来,无论是5W还是三功能,都深刻地影响并塑造了全球的传播学研究范畴,并且随着时代的变化和科技的迭代历久弥新。

经典的学术理论就是这样,不但能够经受住时间的洗礼和众人的批判,而且能够在不同的时空与场景下不断地解构与重构自身。在算法、大数据、人工智能等核心技术驱动社会变革的当下,经典传播学的研究也在通过计算主义的思维和工具不断地完善着自身的学科体系和理论框架,并逐渐形成了计算传播学的研究新范式。新思维、新逻辑、新工具、新范式对包括拉斯韦尔5W模式在内的传播学经典的理论产生了怎样的影响?它是彻底摒弃了传统的研究框架,还是在新的技术视野中改造着过去的传播流程或重建着传播学的巴别塔呢?

从目前国内现存的计算传播学研究文献来看,研究者们主要是以计算传播学作为计算社会科学的一个分支学科这一视角为切入点来展开观点探讨和方法建构的。计算社会科学是信息技术和社会科学相互作用、相互结合所产生的一门新兴学科,"它所侧重的研究对象是比较复杂的社会现象和群体现象,更加注重的研究方法是依托于计算机技术的'社会计算',其研究工具更为主要的是获取大数据的计算机及大数据网络"③。计算传播依赖于先进的计算机技术、传感器技术、大数据技术、物联网技术、人工智能技术、深度学习技术等本轮技术革命浪潮中已经或者正在取得突破性进展的技术集群,综合运用强大的计算能力和高效的算法模型,对各大传播要素和各个传播环节中所涉及的信息生产、内容分发、广告投放、用户分析、效果监测、舆论管理等方面进行了全新的解构与重构。不同于拉斯韦尔提出经典5W传播模型的那个时代,今天

① 拉斯韦尔.社会传播的结构与功能[M].何道宽,译.北京:中国传媒大学出版社.2015:37.
② 胡翼青.超越功能主义意识形态:再论传播社会功能研究[J].现代传播(中国传媒大学学报),2012,34(07):8-12.
③ 詹国辉,熊菲,栗俊杰.面向大数据的计算社会科学:一种诠释社会现象的新范式[J].科学技术哲学研究,2018,35(3):100-104.

的计算传播学在基础设施以及建立在这些基础设施之上的传播观和方法论等方面与过去的大众传播学存在着本质的差异。

计算传播学研究和实践能够发生并快速发展的关键基础在于互联网以及因为互联网的普及所带来的爆炸式增长的大数据,“与数据打交道将会成为传媒领域的一项新技能,数据分析将会植入任何一家媒体的生存与发展基因中去,从而改变媒介产业的思维方式和实践方法”①。可以说,大数据已经成为计算传播学这门分支学科的根基所在,对于方兴未艾的计算传播学而言,数据是水、是空气、是土壤、是生产要素、是基础设施。“与传统社会科学通过问卷调查形式获得的数据不同,我们可以借助种种新技术获得长时间的、连续的、大量人群的各种行为和互动的数据。这些数据为我们研究动态的人际交流、大型社会网络的演化等方面的问题打下了坚实的基础。”②也正是因为传播学能够运用全新的技术、全新的思维、全新的方法对海量的用户行为数据进行低成本、高效率的采集、处理、挖掘和应用,我们才有机会将数据主义和计算主义的思维嫁接到传播学的研究中来,升级传播学的认知层次和理论框架,从而形成新的传播观和方法论,或曰传播学研究和实践的新范式。

新范式的出现为传播学领域中通过数据主义和计算主义的思维与方法来解构和重构传播研究的研究者和实践者们展开更加具体、深入和完善的探索提供了比较统一和稳定的理论框架或逻辑规则。其传播观和方法论的核心思路是,在社会传播从同质化的大众传播模式向异质化的智能传播模式转向的变革时代,用数据主义和计算主义的研究方法“弥补传播学研究在量化方法上过去所存在的缺陷,并进一步将含糊不清的有效传播向前推进为具化的精准传播,从而在智能传播时代实现用户、场景和内容之间的精准匹配”③。作为当前传播学理论研究和实践应用的最新进展,计算传播学所开启的新范式无疑有助于帮助我们厘清并诠释当下纷繁复杂的传播现象及其内在机理。事实上,在已然开启的智能媒体时代,计算传播学对经典传播模式的认知方式和实践方法都进行了大胆而有益的突破和创新,通过对传统模式的解构与重构提升了我们理解和诠释传播事件、传播现象、传播问题和传播原理的广度与深度。

---

① 刘庆振.计算传播学:智能媒体视阈下传播学研究的新范式[J].教育传媒研究,2018(6):21-25.

② LAZER D, PENTLAND A S, ADAMIC L, et al. Life in the network: the coming age of computational social science [J]. Science, 2009, 323(5915): 721.

③ 刘庆振.计算传播学:智能媒体视阈下传播学研究的新范式[J].教育传媒研究,2018(6):21-25.

第二节 计算传播对大众传播的结构与重构

一、从意见领袖到众声喧哗

“研究‘谁’的学者查看传播者启动并指引传播行为的因素，我们将这个研究领域的子项目称为控制分析。”①也就是说，控制分析的研究对象主要是传播者及其对传播行为的影响。在过去，大众媒介自身所特有的精英化倾向和稀缺性资源等属性，使得传播的话语权集中在少数的意见领袖手中，“（施拉姆）第一次提出了两级传播的假设：‘概念往往先从无线电广播和报刊流向舆论界的领导人，然后再从这些流向人口中不那么活跃的部分。’简言之，舆论传播先影响意见领袖（亦称舆论领袖），再通过意见领袖影响其他人”②。事实上，在大众传播过程中，非数字化和非普及化的媒介形式使得信息在触及受众之后很难再形成大规模的多次转发、评论和再生产、再加工，因此信息的接收者便被动地沦为“沉默的大多数”，意见领袖得以对沉默的大多数产生影响。正因为这种清晰、单向和简洁的传播结构，使得彼时的控制分析能够非常快捷地找到作为意见领袖的传播者并对他们施加影响，进而改变传播者的传播动机、心理、行为和影响。

近20年来，数字化媒体的快速发展逐渐地消解了传统大众媒体时代意见领袖所特有的权威地位，这一状况与它对信息接收者的大范围赋权所造成的“传授合一”现象互为因果。博客网站、视频网站、即时通信工具、社交媒体网络、自媒体内容平台等数字媒体形式的不断演化和迭代，使得过去被动接收信息的大众媒体受众，摇身一变成了能够即时接收信息、评论信息、加工信息、生产信息和传播信息的用户。“以自媒体性质的微媒介为主要网络入口的微传播便体现了这种传授身份明晰界限的消解。每一位进入微传播中的网民都能在开放的信息平台上建立个人空间，成为信息的主宰，根据自己的判断和需求‘筛选’关注的焦点，创作独立的文本，既能发布信息，又能

① 拉斯韦尔.社会传播的结构与功能[M].何道宽，译.北京：中国传媒大学出版社，2015：35-36.

② 赵利. 运用传播理论，提高宣传效果：对重视“意见领袖”在传播中作用的思考[J]. 广西大学学报（哲学社会科学版），2008(5)：133-135.

接收信息。”[①]双向互动的网络传播结构在冲蚀着单向被动的大众传播结构的同时，二者之间还发生着更微观层面的融合与重构，传统媒体的意见领袖仍然在起作用，数字媒体的时空中也不断涌现着新的关键意见领袖（Key Opinion Leader，KOL）阶层，他们以科技大咖、微博大V、自媒体大神、网红大主播的身份活跃在不同的数字媒体平台上和各色的线上线下活动之中。更关键的还在于，他们来自用户、跻身于用户，同时也回归用户、作用于用户，他们就是广大用户群体中不可被割裂的有机成员之一，他们在影响着用户的同时也被用户影响着。

而事实上，数字媒体所特有的这种参与性、网络化和扁平式特征，使得每一位用户都有机会在特定的场景和周期中成为意见领袖，作为网络结构中的一个节点，任何人的任何言论都有“从蝴蝶的翅膀”演变为“沿海的飓风”的可能性，哪怕只是短时间爆发出某种巨大的影响力。就像已故的艺术大师安迪·沃霍尔著名的“15分钟定律”所预言的那样：每个人都能在15分钟内出名；每个人都能出名15分钟。“信息正以光速传播，‘名流’在一夕之间便能被制造出来，即便他们很可能来得快，去得也快。”[②]事实上，正是这种对于网络社会中关键意见领袖所可能造成的影响力的迷恋甚至狂热，驱动着越来越多的用户不再满足于单纯的信息获取，而开始热衷于个性化的话语表达。越来越多的受众变成了用户，越来越多的用户想成为意见领袖，这种用户对传播话语权的广泛竞争已经彻底解构了大众传播时代的意见领袖们所拥有的超乎寻常的影响力。

众声喧哗意味着媒介空间中的信息源和传播者数量变得越来越多，意味着信息接收者所面对的数据规模越来越庞大，同时意味着用户与用户之间相互作用形成的传播关系和传播结构越来越复杂。这种情况下的控制分析，就与过去大众媒体时代的基本逻辑产生了差异，“一个非常重要的问题是如何重构出信息传播的路径，即给定一个有向网络，能否通过多次信息流传播的观测将社会网络的拓扑结构给推测出来。其相关的核心思想是：已知用户之间的网络结构，根据节点之间的关系推测信息传播的可能性”。[③] 但单纯依靠过去的简单方法根本无法做到“已知用户之间的网络结构”，更遑论对当前的传播现象和传播问题进行有效的控制分析，因为在意见领袖和意见结晶

---

① 蒋琳. 从拉斯韦尔5W模式看微传播的发展特征[J]. 编辑学刊，2017(3)：116-120.

② 弗洛克.出位：十五分钟成名定律[M].周佳琳，译.广州：南方出版社，2014：2.

③ 张伦，王成军，许小可.计算传播学导论[M].北京：北京师范大学出版社，2018：93.

遍地都是的信息洪流之中,任何肉眼凡胎的人都已经无法分清谁是最初的信息源、谁是活跃的关键节点、谁是影响巨大的转发者、谁是信息的二次加工者、谁是被蛊惑的受骗者,没有化腐朽为神奇、点数据为金玉的“八卦炉”便炼不出驱散重重迷雾、穿透嘈嘈噪音的“火眼金睛”。社会现象卷入了海量的异质性的个体的互动,使其变得非常复杂。

“幸运的是网络科学的研究开启了一个新的研究方向,但是网络科学需要大量的实证数据,而基于互联网的传播恰好提供了两种新的研究方式,一种是各种各样的‘数字足迹’,另外一种是互联网实验。”①在理论上,或者在进行互联网实验的前提下,我们的控制分析过程是完全可以借助传统的统计量化方式,根据用户的数字足迹(如阅读、评论、转发等情况),抽象出某一条具体信息在特定时间内的传播路径和传播结构模型,这个模型向我们展示了信息传播的起点、传播的层级、路径的长度、分享的广度等。但现实的情况是用户行为具有多变性、传播环境具有复杂性、信息规模具有海量性,这就导致传统研究方式根本无法应对瞬息万变的网络传播现实,这种挑战对传统的大众传播学而言是技术性的:没有相应的技术手段、分析方法和专业人才去落实这种理论上的可行性。

在这一点上,大数据思维和技术的发展使得我们对数字化的传播路径研究有了一个强有力的抓手,尤其是数据可视化技术的运用,为我们研究信息传播过程中产生的大规模数据提供了简便但可行的具体工具。如数据可视化工具,“它主要用于类似微博数据流这样的大规模非数值型数据,将源数据转化为简洁易懂符合人们认知习惯的视觉图像信息。既为研究者解决了数据量大所带来的研究难度,又免去了许多社会科学背景知识的学习”②。这时候,尽管众声喧哗,我们依然能够运用数据主义和计算主义的工具,以最直观的方式在最短的时间内找到发声者、附和者、追随者、反对者以及搅局者等传播过程的关键意见领袖,从而展开相应的控制分析并施加影响。

二、从专业主义到用户思维

内容分析聚焦于信息传播的主要对象身上,研究应该说什么、正在说什么、说了些

① 王成军.计算传播学的起源、概念和应用[J].编辑学刊,2016(3):59-64.
② 陆斌斌.社交网络中话题传播结构的可视化研究与实现[J].现代计算机(专业版),2017(07):58-60,65.

什么等问题,也就是 Says What 的问题。从报纸杂志到广播电视,尽管承载信息的媒介形式发生了重要的变化,但是内容生产的决策权始终保持着精英化的状态,传统四类大众媒体的内容几乎都是由记者、编辑、文案、创意、策划、摄影、摄像、演员、制片、导演、后期等多工种的专业人士完成的,这些人中的大部分都受过良好的高等教育或专业的技术教育。与真正消费媒体内容的大众相比起来,他们所生产的内容是从专业主义和精英主义视角出发的。

事实上,这种视角在国内外的大众传播领域随处可见,整个传播过程中所涉及的内容部分,几乎都是由专业人士和精英阶层为广泛的受众群体过滤和筛选,并在编辑或剪辑人员的精心修改之下,编码成了报纸上的一块块图文信息、广播中的一段段语音信息以及电视里的一集集影像信息。这个过程中,专业人士充当了非常关键的"把关人"角色,之所以如此,有两方面的原因:一方面,传统大众媒体本身的物理属性决定了印刷在纸张上的文字或者广播出去的信号本身无法进行修改或者撤回,这就要求我们必须最大限度地提升信息本身的质量和准确性;另一方面,精英群体认为,大众媒体的覆盖范围广但其受众的认知能力和水平有限,不良的内容会造成非常恶劣的社会影响。例如,庞巴维克就曾说过,对于普通大众来说,"审慎的深思熟虑当然不是他们关心的对象,也不可能是他们的关心对象;他们只是简单地遵照自己的愿望和喜好"①。再如,马克·吐温也曾感叹说,"一般人缺乏独立思考的能力,不喜欢通过学习和自信来建构自己的观点,然而却迫不及待地想知道自己的邻居在想什么,接着盲目从众"②。又如,计划经济时代的媒体内容通常是官方意识形态的某种变形表达,大众媒体的管理部门及其代理人因为担心资本主义腐朽思想的侵蚀而在媒体内容的管理控制上采用了较为明显的家长主义作风,并标准严格地对"说什么"进行层层审批核查。毕竟在媒体和内容都稀缺的年代,内容产品的逻辑是供给决定需求而不是相反,管住了内容的供给侧其实也就意味着管住了内容的需求侧,受众唯一的选择就是给什么就看什么。

在这样的环境下,对传播模式中的内容进行分析是容易操作的,它只需要站在创造这些内容的专业人士的立场上看内容是否符合社会的主流价值、符合精英阶层的审美趣味、符合对广泛大众进行宣传教育的实际需求即可,这种内容分析的出发点是传

① 卡普兰.理性选民的神话:为何民主制度选择不良政策[M].刘艳红,译.上海:上海人民出版社,2010:144.

② 布坎南.隐藏的逻辑:乌合之众背后的模式研究[M].李晰皆,译.天津:天津教育出版社,2010:102.

者本位，受众本身的真实需求虽然也会在口头上被考虑，但实际上他们是经常被忽略的，尤其是在新闻这种信息产品上，专业主义的思想更是根深蒂固，"在如何处理公众参与新闻活动之时，我宁可选择他们作为一种参与者而不是主导者的角度，因为专业性的新闻工作肯定不是那些没有经过任何的专业训练的普通公众可以胜任的"①。

随着基于互联网、移动互联网的数字媒体类型不断涌现，大众媒体时代的稀缺寓言逐渐被打破，"人们拥有了对信息超出预期的访问能力，对许多人来说，互联网正在成为万能媒体，它是流进人们眼睛和耳朵并进入他们头脑中的大部分信息的管道，这种新类型的信息流带来了一种新的被称为流数据的数据类型"②。更重要的问题还在于，管道中的信息流、数据流和内容流正在从稀缺变为饱和，从饱和变为超载。尤其是在专业主义视角之外，那些对用户心理有着敏锐洞察和对用户痛点有着精准把握的通俗内容层出不穷，这给了用户更多自由选择内容的空间和权利。伴随着市场权力的天平从内容稀缺的生产本位主义倾斜到用户注意力稀缺的消费本位主义，无论是方兴未艾的数字媒体还是不断被唱衰的大众媒体都开始越来越多地把用户对内容的消费需求作为内容供给的决定因素。

消费主义是把个人的自我满足和快乐放到第一位的消费思潮或风气，该思潮促使人们不断追求新的消费品，以满足自己的精神快乐。这种现象在今天的内容消费领域也同样愈演愈烈，用户不再沉重地把内容视为一种寓教于乐、修身养性、提升能力、陶冶情操的高雅产品，相反，他们更看重内容产品的娱乐功能、休闲功能、社交功能，大多数人只是希望通过内容产品满足找乐、猎奇、消遣、宣泄等个人化的情感或精神需求，仅此而已，符合个性化需求的内容就消费，不符合的就忽略。尽管这种用户至上的内容消费主义盛行的确造成了一些明显的问题，但如何在伦理和法律层面解决这些问题不是本文的议题，此处关注的重点在于如何面向海量用户的个性化需求，实现定制化的内容生产和分发，而这个难题是传统大众媒体的专业主义生产方式和精英主义决策方式所无法解决的。

计算传播学对面向消费者的内容生产提供的解决方案则摒弃了大众媒体所采用的定性研究方法和想当然的经验主义决策机制，更多地依靠来自全网的量化数据来提供生产决策的客观依据。"通过大数据精准记录下人们收视的时间、内容和媒

① 吴飞，唐娟.新媒体时代的新闻专业主义：挑战、坚守与重构[J].新闻界，2018(8)：18-29.

② 布尔金.信息论：本质·多样性·统一[M].王恒君，嵇立安，王宏勇，译.北京：知识产权出版社，2015：18.

介,可以追踪到每位受众的收视动机、需求和时机。掌握和分析这些数据资料,可以勾勒出完整的受众收视图谱,呈现受众的显性需求和隐性需求,无疑为媒体内容的创新提供了新的参考。”①这种以用户思维和数据主义为导向的内容生产意味着传播学研究方法和实践方式的某种转向,这种转向是根本性的,它更强调数据对于信息生产和消费所带来的颠覆性变革。在对用户注意力竞争的过程中,如果我们不能对内容产品的各项指标进行量化,那就无法更好地改进它,只有那些可以被数据化的内容产品才可能被更好地分析和改进。在数据辅助内容创作方面,BuzzFeed 是一家非常典型的公司,它拥有遍布全球的新闻团队、技术精湛的视频内容工作室、尖端的数据运算中心和脑洞大开的广告创意机构,虽然它创作的内容每个月超过 50 亿次的全网阅读量,但它却不认为自己是一家媒体公司。“‘数据驱动的内容创作’是 BuzzFeed 给自己贴上的标签。在这家公司的内容创作和分发过程中,反馈闭环(feedback loop)是出现频次最高的术语:将市场环境和读者反馈数据尽可能地量化和结构化,及时反馈给运营人员、内容编辑,从而构成一个辅助创作的闭环。”②

三、从渠道稀缺到万物皆媒

媒介分析在过去重点研究的是报纸、杂志、广播、电视等传统大众媒体渠道对信息传播、内容生产和受众消费的重要影响。这些媒介渠道最重要的特征就是中心性、单向性和稀缺性,因此它所塑造的媒介生产和消费形态也相应地具有生产的专业化、接收的被动性和消费内容不够丰富等特点。对报纸和杂志这样的平面媒体来说,它的版面在理论上可以无限制增加,但现实的情况是在版面到达一个临界值之后它每增加一个版面其边际效益便开始递减,因此用户能看到的报纸有 16 版、48 版、64 版,但几乎很少看到 256 版或者 512 版,杂志亦然。而且,尽管报纸在大中型城市曾经历了风光无限的一段历史时期,但其用户规模依然因为识字率和教育水平等原因而受到了较大的限制。这也在很大程度上意味着相对于巨大的人口基数,与广播电视媒体相比,平面媒体的影响并没有宣称的或想象的那样广泛。直到目前,电视媒体依然是所有媒体类型中覆盖范围最广的媒体,它妇孺皆知、老少咸宜,但它的频道数量也是有限的,每

① 石长顺,栾颖.大数据时代的媒体内容生产创新:基于耗散结构理论[J].现代传播(中国传媒大学学报),2017,39(4):71-74.

② 闫泽华.内容算法:把内容变成价值的效率系统[M].北京:中信出版社,2018:144.

个频道的时段也是有限的,以频道最多的中央广播电视总台为例,即使其下属的18个频道①24小时不间断地播放电视节目,每天能够播放的节目时长也就是432小时。更何况,无论是报纸杂志还是广播电视,其内容生产和分发都是面向不特定的大众群体,尽管它们在努力地尝试通过设置民生、体育、娱乐等专版或者开辟少儿、电影、新闻等频道向不同的用户群体提供不同的媒体内容,但版面或时段的稀缺性使得传统大众媒体并不能在本质上真正满足每一位受众的异质化内容需求。建立在此种逻辑基础上的媒介分析则较为简单粗暴地把焦点转向了平面媒体的发行量或者广电媒体的收视率/收听率,因为这个数字背后关联着的是现实的企业广告投放额度,也就是媒体的广告收入,它占据了传统媒体整体收入的70%甚至更高。而为了提高发行量或者收视率等数字,大众媒体不断地尝试着以提升内容质量、丰富产品类型、改革版面/节目编排等方式与竞争对手在媒体市场上角逐用户的注意力。更有甚者,各大卫视收视率数据造假已经成为行业内秘而不宣的潜规则,这在一定程度上反映了传统大众媒体在全新的媒介环境下所面临的真实困境。

因为,数字化、数据化以及智能化进程已经彻底改变了20世纪建立起来的大众传播格局,今天的媒介渠道是丰裕的、多层次的、全方位的、立体式的、无处不在的。可以无限链接下去的互联网网页、能够安装成百上千移动应用的智能手机、触角延伸到每个楼宇的数字屏幕、被OTT或互联网改造之后的新一代电视、连接了居家环境中各类智能硬件的家用机器人、车联网中像电子产品一样不断更新换代的汽车以及正在普遍被安装在各个场景之下的柔性屏幕……越来越多日常生活中的普通事物因为植入了廉价、强大、高性能的传感器、智能芯片或显示屏幕而具备了信息传播和内容展示的媒介属性。“没有什么比把迟钝的东西变聪明更富有成效,在现有程序中植入极少量有效的智能都会将其效率提高至全新水平。”②这种“变聪明”意味着它能够获取、存储、传播和反馈人类所需要的信息,它变成了一种信息媒介,从而可以在一个新的深度和广度上为人类提供更加方便、快捷、高效的服务。这意味着我们可以通过这些不断增加的渠道及其无限延伸的时空来获取信息、内容和娱乐,而不再仅仅依靠传统的少数

① 18个频道是指:CCTV-1:综合频道;CCTV-2:财经频道;CCTV-3:综艺频道;CCTV-4:中文国际频道;CCTV-5:体育频道 ;CCTV-6:电影频道;CCTV-7:国防军事频道;CCTV-8:电视剧频道;CCTV-9:纪录频道;CCTV-10:科教频道;CCTV-11:戏曲频道;CCTV-12:社会与法频道;CCTV-13:新闻频道;CCTV-14:少儿频道;CCTV-15:音乐频道;CCTV-5+:体育赛事频道;CCTV-16:奥林匹克频道;CCTV-17:农业农村频道。

② 凯利.必然[M].周峰,董理,金阳,译.北京:电子工业出版社,2016:29.

大众媒体渠道，它们既不懂得我们需要什么又不情愿为我们做出各种相应的改变。然而更加智能、更加泛在、更加个性化的新终端、新媒体、新应用却可以做到，而且它们还在以一种全新的加速度不断出现在我们生活、工作、学习和社交活动等越来越多的场景中。

泛媒介化、万物皆媒、媒介基础设施化等趋势使得媒介本身不再是稀缺资源，用户可以在任何时空、任何场景、任何状态、任何环境下以最合适的渠道获取信息资源和内容产品。此时的媒介分析便不可能再像传统媒体那样将目光锁定在发行量或者收视率这样依赖广泛覆盖而堆积起来的单一数据上面，因为媒介已经从单纯的内容传输和呈现方式演变成了为用户提供多元化信息解决方案的服务方式。在过去，媒介即讯息①；在今天，媒介即服务②。如果在渠道稀缺的大众传播时代，媒介以及依赖媒介而存在的从业者们还有值得他们高高在上、俯视受众的资本的话，那么在这个万物皆媒的时代，他们便没有了任何这样做的资本。尽管没必要去逢迎用户，但所有的媒介也都应该把自己的姿态放低，与用户之间展开地位平等的对话，否则用户就会立马转身离开并投奔竞争对手的阵营。在智能媒体语境下，无论是提供信息服务的媒介还是获取信息服务的用户都不再是泾渭分明的甲方乙方关系，而是一种协同成长、相互成就的共生进化关系。

这时候的媒介分析要解决的最关键问题是：用户在具体场景下的信息需求是什么？通过哪种最合适的媒体终端和媒体应用为他们提供这种信息服务或解决方案？同质化的大众消费时代试图用一刀切的单一媒体渠道提供面向所有受众的内容，而异质化的个性消费时代则必须用数据、算法、语音交互、深度学习等计算主义的工具，在一切具备了媒体属性的服务工具中找到最合适的工具、提供最合适的内容、匹配给最合适的用户。用户用数据将媒体训练得更加贴心，媒体用服务让用户的生活更智能，“越多人使用人工智能，它就会变得越聪明；它变得越聪明，越多人就会使用它；当它更聪明时，就会有更多人使用它”③。这时候的媒体分析，则变成了对具体媒介所提供的具体服务与具体用户需求是否高度匹配的分析。

① 麦克卢汉.理解媒介：论人的延伸[M].何道宽，译.南京：译林出版社，2011：1.

② 夏洪波.全球品牌工程[J].中国广告，2018(5)：34-36.

③ 凯利.必然[M].周峰，董理，金阳，译.北京：电子工业出版社，2016：41.

四、从受众素描到用户画像

大众媒体时代的受众被认为是典型的同质化群体，媒体面向受众呈现无差别的内容，尽管它们在信息生产、内容分发和广告营销的过程中也会像模像样地投入一笔费用进行市场调查，然而这样的市场调查与其说是中立客观的数据参考，毋宁说是一种自欺欺人、掩耳盗铃的把戏。从调查公司那里得来的数据就像广告大师约翰·沃纳梅克那句经典名言一样，"我知道广告费用有一半是浪费了，但我不知道是哪一半"，来自调查公司的客户调查数据亦是如此，"我知道这些数据有一半是虚假的，但我不知道是哪一半"。媒体也好，广告主/广告公司也罢，他们中的大多数只是用这些数据为早已经制定好的产品策略或内容策略做合理性解释，而不是因为真的对这些数据高度认可而做出改进产品的决定。这主要原因在于调查公司所采用的传统统计学的调查研究方法在根本上无法真正反映媒体受众的全面特征和真实需求。"传统的统计调查是遵循自上而下的逐级下达、自下而上的逐级上报；统计方式是通过抽样个体去推断总体情况。这种通过多层抽样调查汇总的方式，其数据易出现误差，且抽样覆盖的范围有限，难以真正反映整体真实的情况。同时传统统计有时还要面对被调查者不配合等情况，从而导致基层统计人员的工作量大、工作效率低、环节多而繁杂、数据准确度难以把握、统计时效性差等问题。"①这些问题不是在大数据时代才暴露出来的，而是在过去的媒体实践和市场调研中就一直存在的。

举例而言，对电视节目的受众调查，通常会采用抽样调查和深度访谈相结合的办法，其最基本的假设就是所有受众具有高度同构的特征，在这样的逻辑下通过合理抽样得到的 2,000 名用户是可以代表坐在电视机前观看这档节目的 2,000 万用户的。然而事实证明，通过问卷获得的数据甚至连用户本人的真实意图都反映不了，又如何能够真正代表其他更多用户呢？这种研究假设的谬误必然直接地影响到研究方法、研究过程以及最终得出来的研究数据和研究结论。事实上，传统调研方式也的确在受众分析上表现得不尽如人意，因此它所给出的结论都是高度抽象的群体素描：20～25 岁的年轻人，女性，大学生或白领人群，热爱生活，喜欢旅游……这种对于受众群体的泛

① 吕欣，李鹏.大数据时代传统统计模式变革探析[J].宏观经济管理，2015(8)：37-38，42.

泛表述最大的优点就在于它几乎不会出错,但同样其最大的缺陷在于拿着这张素描去对照就会发现跟谁都有点像但跟谁也不完全像。“对于传统媒体而言,受众规模、到达率、媒介接触等方面的量化信息是必不可少的。然而,如果今天我们所关注的依然停留在观众看了什么节目、受众的年龄、性别、收入等信息,已经远远不够了。我们还要回答,他们看了这个节目之后又去了哪些网站,他推崇什么样的生活方式,他的喜好、品位和价值观,等等。一言以蔽之,现在更多地要基于行为和习惯来描述和分析受众,而远不止于受众的人口学特征。”①正是在要继续更准确地描述受众的行为特征这件事情上,传统媒体以及他们所采用的调研方式无能为力了。

这也恰恰是计算传播学的研究方法在受众分析层面所必须面对并解决的问题,而计算主义的思维和工具则从基本假设这一起点直接摧毁了传统媒体将受众视为同质化群体而展开的研究体系,并代之以更加具象化、更加个性化和更加清晰化的用户画像。媒介市场从来都不是同质化而是异质化的,并不是大数据将大众分化成了个体,而是大数据的思维和工具给了我们直接面对个体、分析个体、服务个体的契机。过去的受众分析通过“问卷访问、小组访谈等市场调研技术分析客户,通过一个或者几个维度来定义细分市场,给一个客户群一个标准化的面孔……大数据给出的客户定义,不再是一个群体标准化的面孔,而是立体、全面的客户形象。运用大数据,客户可以从大众化、细分化变为微分化、个人化”②。而解决微分化、个人化信息需求和内容消费的关键技术和基本方法则是算法以及建立在各种算法之上的信息过滤程序和内容推荐系统,其核心原理是:一方面对具体用户在具体场景下的具体内容需求进行精准的预测(即用户画像),另一方面是更全面、更细致、更准确地对海量内容库中的每一条信息进行体系化、类型化和标签化(即内容画像),从而以最少的时间、最低的成本、最高的效率完成个性化需求和差异化内容之间的精准匹配。相比起内容画像,用户画像的难度要大很多,它涉及了传统统计学重点描述的静态人口特征,涉及了与用户消费兴趣相关的动态行为特征,还涉及了特定用户所处具体场景的环境特征以及瞬息万变的心理特征等方方面面,但构建起一套全面、立体而丰富的用户画像并“对其信息行为进行定量分析,是认识网络环境下用户复杂行为的前提和基础,有助于平台根据用

① 聂磊.新媒体环境下大数据驱动的受众分析与传播策略[J].新闻大学,2014(2):129-132.

② 赵国栋,易欢欢,糜万军,等.大数据时代的历史机遇[M].北京:清华大学出版社,2013:257-258.

户特征及其偏好提供更精准的个性化服务"①。

事实上,这正是计算传播学新范式与大众传播学传统范式之间的根本性差异,这也正是计算传播学所有研究的出发点:观察并了解每一位用户,向不同的用户提供不同的信息服务。在新的范式下,谁能够最精确地对用户画像进行描述、最准确地预测用户在下一秒的信息需求并最精准地向他提供针对这一需求的信息解决方案,谁就会在激烈的市场竞争环境下获得最强大的核心竞争力。完善用户画像的最主要方式就是利用用户在线产生的大数据对其相关信息进行挖掘,并输出为具体的标签体系。例如,基于某位具体用户的 LBS 地理位置数据显示,这位用户每个工作日 9 时至 17 时的坐标通常是国贸大厦,系统便会自动将"国贸大厦"这个标签与用户画像中"工作"相关的标签进行关联。同样的道理,借助于大数据技术,我们可以为这位用户贴上"海底捞""大叔控""购物狂""吴京粉丝"等多种多样的标签,这些标签能够更好地提取和呈现这位用户身上所表现出来的各种特征,算法借此将用户与内容进行更精准的匹配。

五、从魔弹轰炸到精准匹配

传播的效果研究一直是传媒学术界和产业界非常关注的基本议题之一,然而,直到 20 世纪末、21 世纪初,这一研究方向在方式方法上却一直没有取得根本性的突破。在悲观主义者看来,它只是无关痛痒地证明了传播本身的的确确是产生了效果的,至于这种传播效果是什么、怎样产生的、影响程度有多大,传播效果的研究者们却语焉不详。于是大多数传播效果的研究总是在各界高度期待的目光中得出一个人尽皆知的空洞结论,也正因此,这种打着定量研究招牌的经验主义终于陷入了它死而不僵的逻辑怪圈中再也无法跳脱出来。尽管如此,大众传播的效果研究也在过去取得了轰动一时的成果,最典型的是施拉姆发明的"魔弹论",虽则这一学说从开始流行到逐渐式微的整个过程都一直饱受传播学理论界的批判,但作为一种应用逻辑,它却不折不扣地深刻影响了 20 世纪下半叶国内外大众传播的实践进程。魔弹论的主要观点在于,"传播被认为是魔弹,能够自动地将观念、情感、知识、动机从

① 刘海鸥,孙晶晶,张亚明,等.在线社交活动中的用户画像及其信息传播行为研究[J].情报科学,2018,36(12):17-21.

一个人传递给另一个人……在早期的传播研究中,受众是被动和无力的,传播能够将他们射中击倒,就如电线能够传递电子使灯泡发光一样”①。这样看来,“魔弹论”的传播效果观恰恰是过去大众传播效果研究范式的真实写照:你只需要看见受众在传播的枪打响之后应声而倒就行了,不要问他们是怎么被击中的,究竟是被谁击中的。事实也的确如此,大众传播不是拿一把手枪精确瞄准某个人或某个靶心的百步穿杨,而是架起机关枪或者装载好炸弹面向广泛群体的扫射或轰炸,魔弹之下总有人被射中、被震聋、被误伤。对于媒体和广告主来说,尽管这种传播方式不那么集约,但它的确有效;尽管它的效果是什么不那么清晰,但只要准备好充足的子弹总有人应声倒下。

换一个角度来看,这种状况的成因并不是主观人为因素造成的,传统效果研究的没落更多地在于客观技术层面上研究者和实践者的确没有办法获取精确到每一位用户的媒介浏览、阅读、收视、购买等行为数据,没有客观数据的支撑,仅凭经验主义的主观臆断是无法得出真正具有说服力的效果分析的。以传统的广告效果监测为例,广告的“整合营销传播所整合的很多营销手段和传播方法都不具有可跟踪性,企业可以监测到广告投放和信息发布这一动作是否在指定媒体上得以完成,但却无法监测到这一动作完成之后的大量信息,例如信息是否触达受众、受众是否是目标消费者、目标消费者是否看了广告、看完广告之后是否引发了购买行为等”②。事实上,无论对于广告传播还是对于内容传播,信息路径的不可跟踪和受众数据的无法获取这两大主要问题,在传统的大众传播时代就好像横亘在传播效果研究者面前的两座无法翻越的大山,直接导致了传统效果研究既无法提供严丝合缝的现象诠释,又不能带来逻辑合理的理论建构。

而互联网技术和大数据技术所带来的路径的可跟踪性与数据的可获取性使得传播效果的研究发生了根本性的转变,这种转变不仅仅是数据获取方式和处理方式的转变,更是一种传播认知方式和实践方式的转变。建立在海量规模数据和强大计算能力基础上的效果分析,不但能够解释为什么某位具体用户阅读了这则新闻,还能够清晰地勾勒出这则新闻经过了几次转发才触达这位用户,甚至能够对他进行细致的用户画像,从而预测他更喜欢阅读什么样的新闻内容以便下次出现此类新闻的时候向他进行精准的推送。这种以分析历史数据和预测未来行为为核心的传播效果分析,“通过对

---

① ROBERTS D F. The process and effects of Mass Communication[M]. Urbana: University of Illinois Press, 1971:8-9.

② 刘庆振,赵磊.计算广告学:智能媒体时代的广告研究新思维[M].北京:人民日报出版社,2017:28.

海量数据的定向挖掘，能够发现人类行为或活动中出现的某些固有倾向，从而检视事件或行为发生的可能性。大数据之所以受到商业营销的高度重视就在于它能够较为精准地预测顾客的消费习惯，找准市场"①。这时候的传播效果分析是针对个体的，而不是针对群体的；是具体到每一张图片或每一则新闻的，而不是泛化为某一家媒体或某一个品牌的；是可以建立在客观数据之上得出解决方案的，而不是凭借主观推测给出三条大而无当的改进意见的。

简而言之，计算传播学视野中的效果分析在根本上要解决的问题是面向具体用户的个性化传播效果问题，其基本假设是只有那些与用户需求高度匹配的信息才有可能获得良好的传播效果，在这样的前提下，效果分析就能够作为内容个性化推荐和广告程序化投放的重要决策参考。例如，内容个性化推荐系统向用户 A 频繁地推荐清史相关的资讯而不向用户 B 推荐这些内容，原因在于用户 A 点击此类资讯的频率比用户 B 高很多，而且阅读完成的比例较高，在完成阅读之后还存在比较积极的点赞、评论、收藏、分享等社交互动行为。根据这些短期或长期的传播效果，推荐系统就能够动态化地调整它向用户推荐的个性化内容，而推荐系统的个性化匹配程度越高，其所收获的传播效果也就越好；进一步地，传播效果越好，系统则会根据真实反映出来的数据更好地揣测用户的内容需求，从而不断地提升内容匹配的精准度。同样的道理，以程序化投放为典型代表的计算广告逻辑也是通过针对具体用户的个人画像及其浏览广告的效果分析来决定向他推送哪些广告。对所有的营销人员来说，他们时时刻刻都在思考的一个问题就是，如何提升广告传播的真实效果，这些效果包括点击、浏览、观看、购买等真实的行为。而提升广告效果的最好方式就是运用大数据技术和程序化方式"在合适的时间、合适的地点对合适的人传递合适的品牌及产品信息"②。在提升传播效果的同时，计算传播学的研究方法也极大地提升了针对不同用户进行个性化分发和程序化广告的效率，降低了传统"魔弹论"在大众传播模式下的资源浪费，实现了媒介资源和广告费用的集约化管理。

① 操瑞青.传播效果研究的新思考：基于大数据时代的探索[J].浙江传媒学院学报，2014，21(5)：38-44，68，138.
② 吴俊.程序化广告实战[M].北京：机械工业出版社，2017：18.

第三节　计算传播学是传播学的理论拓展

无论是数据主义对大众传播要素的解构,还是计算能力对网络传播路径的重构,从本质上看,这些转变已经深刻地影响了学术领域与产业领域的传播观和方法论,并推动着传统大众传播学的方方面面不断拥抱数据主义和计算主义,从而催生了一个全新的传播学分支学科——计算传播学。尽管从短期来看,计算传播学作为一种新生力量仍然只是被视为经典大众传播学的有益补充,因为它的方法论切切实实地弥补了拉斯韦尔 5W 传播模式所奠定的控制分析、内容分析、媒介分析、受众分析和效果分析在量化数据和具化效果等方面的明显缺陷;但从更长远的角度来看,随着数据主义和计算主义不断地渗透到传播领域的各个环节和各个细节,这种大范围的解构和重构将在根本上推动传播学世界的范式转换。

关于范式,美国的科学哲学家在其著名的《科学革命的结构》一书中有着明确的表述,他认为一种范式应该是在一段时间周期内为某一共同体成员提供问题模型和解决方案的科学成就①,"科学界公认的信仰、理论、模型、模式、事例、定律、规律、应用、工具仪器等都可能成为某一时期、某一科学研究领域的范式。范式的出现为某一研究领域的进一步探索提供了共同的理论框架或规则,标志着一门科学的形成"②。"二战"前后,霍夫兰、拉斯韦尔、拉扎斯菲尔德、施拉姆、勒温等研究者先后提出了互为借鉴、互为补充的传播模式和传播理论,使得传播学作为一门全新的学科获得了独立的地位,并奠定了大众媒体时代的传播学范式,而这一范式也成为与传播学领域密切相关的学术共同体和实践共同体所赖以活动的某种规范,推动着传播学不断发展。正如罗杰斯在《传播学史:一种传记式的方法》中指出的那样,"传播学方面的重要进步往往是由某些学派所促成的,这些学派又由属于一个研究所的核心学者们的连贯一致的网络所构成"③,而事实上,这种"连贯一致的网络"与库恩所谓的"共同体"概念具有高度的重叠性。大众传播范式为过去近一个世纪的传播研究和传播实践提供了其共同体成员所共享的基础理论、基础框架和基本方法,形成了基于大众媒介视角的传播

---

① KUHN T. The structure of scientific revolutions[M].1st ed. Chicago:University of Chicago Press, 1962:10.

② 陆雄文.管理学大辞典[M].上海:上海辞书出版社,2013:355.

③ 罗杰斯.传播学史:一种传记式的方法[M].殷晓蓉,译.上海:上海译文出版社,2012:4.

观和方法论，指导着各个学派的研究议题和各个领域的实践方向。

但实际上关于范式，库恩在其著作中还同时强调了另外一个话题，即某种科学范式尽管具有一定的稳定性，却不是一成不变的，它把这种从旧的范式向新的范式的变革过程称为“范式转换”，在过程中，科技革命是形成范式转换的一种重要驱动力。当前，以互联网、大数据、人工智能、机器学习等为核心技术集群的新一轮信息技术革命正在推动着传播学从过去的大众传播范式向更加精准化、个性化、动态化和智能化的计算传播范式转换。因此，从传播学史的视野来看，我们更倾向于把计算传播学视为一种全新的传播研究和传播实践范式，而不仅仅把它看作传播学的一个分支学科或者操作方法，因为它对传播领域的影响是广泛的、全面的、立体的、深刻的甚至是根本的，而同时它对传播学的改造也不止于方法论还包括基础假设、核心理论、根本逻辑等底层代码。这种解构和重构意味着，新范式与旧范式之间尽管还存在着某些相同的要素和思想，但在本质上它们已经不再享有共同的认识论和方法论。不断涌现的新现象、新思维、新知识和新理论在现实层面上逐渐打破了原有的研究假设和基础法则，使得科学/学科的基础理论和应用逻辑发生了根本性的调整或颠覆；新的范式及其研究者必须承诺能够最大限度地为不断涌现的明显且广泛的具体问题提供全新的解决方案。① 今天，计算传播范式及其研究者和实践者正在试图用数据主义和计算主义的认识论和方法论为那些明显而广泛的传播问题提供一种全新的解决方案，机器写作、数据新闻、程序化广告投放、个性化内容推荐引擎、智能化舆情预测与管理……只不过，当新范式的忙碌身影已经时时出现在我们身边的时候，旧范式的思想幽灵依然在我们所有人的脑海中挥之不去。

我们正站在一个全新的计算社会科学的起点上②，从这个起点开始，数据要素和计算能力将成为包括传播学在内所有社会科学赖以生存和发展的根本性资源。数据不仅仅是一种研究方法，它还是一种世界观，“是一种思维方式，按照大数据的思维方式，我们做事情的方式与方法需要从根本上改变”③；同理，算力与算法既是认识论又是方法论，它们与数据一道重塑着全球范围的传播图景。事实上，如果数

① KUHN T. The structure of scientific revolutions[M].1st ed. Cambridge:University of Chicago Press. 1962:168-169.

② WALLACH H. Computational social science:towards a collaborative future[M]//ALVAREZ R M.Computational social science: discovery and prediction.Cambridge:Cambridge University Press, 2016:307.

③ 吴军.智能时代:大数据与智能革命重新定义未来[M].北京:中信出版社,2016:89.

据主义和计算主义的研究方法和实践策略仅仅支持我们以更快的速度、更大的规模和更强的便捷性来提升、改进或者优化现有的一整套方法论的话，那么无疑它是受欢迎的，却不是具有革命性的。恰恰相反，我们更倾向于认为，计算传播学的方法使得我们可以用之前完全不可能的方式来分析社会交往和传播行为，并且完全有潜力从诸多方面彻底改变我们的传播学这个学科。① 更进一步地，计算传播范式所提供的解决方案，除了能够以前所未有的方式来研究传播问题，还在以完全超出人类想象力和实际能力的方式执行人类根本无法完成的数据处理和信息传播任务。在这样的传播景观中，数据科学家、算法工程师、计算机从业者和人工智能专家们将在拉斯韦尔经典传播模式所涉及的控制分析、内容分析、媒介分析、受众分析和效果分析等方面的传播决策过程中发挥越来越重要的作用。

而这恰恰是新范式与旧范式之间的重要差异之一，它揭示了传播权力转移的未来趋势：那些既掌握信息技术又深谙传播思想的研究者、从业者、开拓者和创新者才是21世纪传播话语权的主导者。当然，这种权力的转移与范式的转换并不是在一夜之间完成的，尽管新范式的身影已经初现端倪，但要形成真正有关计算传播学的稳定的科学范式和学术创新，仍然“需要四个条件：新现象的涌现、新数据的易得、新方法的普及、新人才的形成”②。毋庸置疑的是，前两个条件即“新现象的涌现”和“新数据的易得”已经基本具备，而后两个条件即有关计算传播学的“新方法的普及”和“新人才的形成”还有待进一步实现，这也恰恰是今天站在十字路口的新闻传播学教育所需要直面的一个现实问题。

当前的困境在于，尽管大家都已经朦朦胧胧地意识到计算传播学作为一种全新的范式将会对传播领域乃至更广阔的政治、经济和文化领域产生深远且颠覆性的影响，但几乎所有人对于这种新范式的基本轮廓、核心思想和主要方法依然缺乏系统的认识、理解和掌握，于是对计算传播学新范式的假设提炼、应用总结、方法梳理、理念概括、理论建构和思想普及就显得尤为重要。与经典的大众传播相比，计算传播存在着数据化、个性化、动态化、智能化、场景化、集约化、精准化等突出特征，而这些特征是完全围绕着它所关注的核心问题展开的：在合适的时间、合适的地点面

① ATTEVELDT W V, PENG T Q. When communication meets computation: opportunities, challenges, and pitfalls in computational communication science[J].Communication methods and measures, 2018(12): 2-3, 81-92.

② 祝建华，张丽华，黄显. 计算传播学与传播研究范式转移[J]. 青年记者，2018(22):6-7.

向合适的用户提供合适的信息;亦即实现用户、场景、内容、广告等传播要素的精准乃至完美的匹配。对于计算传播范式而言,所有的技术手段、所有的研究方法、所有的理论创新都是为这一核心问题服务的,而正是对这一核心问题解决方案的不断改进和优化,推动着我们对大众传播理论进行更具有当代学术价值和实践价值的继承和扬弃,并在此基础上进行更加大胆的重构,从而最终形成指导当下以及未来传播研究和传媒实践的新范式。

第四节　结语

以大数据、云计算、物联网、人工智能、深度学习为关键技术要素的新一轮科技革命正在冲击和解构着传统的大众传播模式。尽管大众传播时代提出的基本议题和研究的主要方向依然有着非常现实的当代价值,如我们从拉斯韦尔的5W传播模式所延伸出来的控制分析、内容分析、媒介分析、受众分析和效果分析等研究领域依然吸引着大量国内外研究者的关注和投入,但对这些传播现象、传播过程、传播要素和传播问题进行研究的基本假设、核心逻辑、主要工具和关键焦点都发生了根本性的变化,与此相对应的是建立在全新研究思路和研究方式上的传播观和方法论。新的研究学者、新的研究思维、新的研究方法以及逐渐形成的新的理论体系结合在一起,构成了一个新的学术共同体成员所共享的信仰、价值、技术等的集合,具备了库恩所说的形成新范式的基础,这个新的范式就是计算传播学的研究范式。

重要术语

5W传播模式　传播三功能学说　意见领袖　二级传播　用户思维　用户画像　魔弹论　精准匹配

思考题

1.拉斯韦尔的大众传播模式是怎样的?

2.传播有哪些功能?

3.智能媒体时代的意见领袖发生了哪些变化?

4.如何理解计算传播中的用户思维?

5.智能媒体时代的传播渠道有哪些特点?

6.用户画像的基础有哪些?

7.智能媒体时代的传播效果有哪些新变化?

第五章　智能媒体语境下的计算广告

今天广告业的所有研究者和从业者都站在一个全新的分界线上,这条分界线的意义深远。在此之前我们更多的是以工业时代所建立起来的传播模式和营销思维来指导广告实践;在此之后,信息技术革命的狂飙突进将使我们对于广告、营销、产品、品牌和用户所面临的具体问题得出一些新的答案。这些问题和答案涉及了广告营销的方方面面,包括但不限于我们怎样看待广告,怎样进行营销,怎样了解用户,怎样分析市场,这些内容共同构成了不同时代的产学研共同体所遵循的不同的营销观和方法论,用库恩的概念来说就是“范式”。越过这条分界线,广告研究和广告实践便开启了一种基于数据、算法和人工智能的全新范式,我们将之称为计算广告范式或计算广告学范式。这种新范式所提供的答案并不全是对于经典广告理论和营销模型的否定,更重要的它是一种扬弃、重构和完善。新范式的开启同时也意味着经历了一个多世纪酝酿和发展的广告学科,真正开始从本质上与信息、数据、计算、算法等科学概念产生了有机的融合,而不仅仅在形式上看上去与之有关联。换句话说,科学已经不再只是广告艺术的外衣,广告转而成了激活艺术化营销传播的科学。尽管过去自然科学领域的专家总是对广告是科学与艺术的结合体这种说法嗤之以鼻,但是今天再也没有人质疑它的科学属性了。这对广告学科而言是一种根本性的转变,这场转变不是由大卫·奥格威这样的广告大师来推动完成的(尽管他曾经试图这样做),而是由计算机科学之父艾伦·图灵以及无数图灵大教堂中的信徒一般的计算机工程师和数据科学家们完成的。也恰恰因为如此,在我们越过这条分界线之后,将会越来越多地发现不但在广告营销行业,而且在更广泛的研究领域,传统的自然科学与社会科学之间曾经泾渭分明的界限都变得越来越模糊。包括广告营销在内的社会科学领域对信息、数据、算法越来越依赖,甚至已经在根本上将它们看成学科持续发展和不断创新的最核心要素。事实上,计算广告的新范式也是如此,未来广告学科的理论拓展、观念创新、思维迭代和方法再造都将高度依赖于这些与信息高度关联的全新的基础性资源。所有这些都意味着,在20世纪各个年代发展起来的经典广告营销理论,都必须在新的范式下用数据思维和计算方法进行解构与重构。

第一节　理论的奠基：那些历久弥新的营销学说

一、纸上推销术与科学的广告

“如果要写一部广告史，第一个必须要写到的人一定会是约翰·E. 肯尼迪。因为直到今天，他所确定下来的原则仍然是每一位广告文案人员必须要遵循的准则。”作为其曾经雇主罗德·托马斯广告公司大股东的阿尔伯特·拉斯克尔的这句话毫不掩饰地强调了肯尼迪在广告史上的重要地位。事实上，正是拉斯克尔、肯尼迪和罗德·托马斯公司雇用的另一位著名文案撰稿人克劳德·霍普金斯在20世纪一二十年代所建立起的合作关系，使他们成为广告科学（科学派广告）的先驱式人物，从而开启了真正意义上的现代广告。1905年（一说1904年）5月某个晚上的6点，罗德·托马斯高级合伙人A. L. 托马斯在准备起身离开办公室的时候收到了一位送信人带来的纸条，上面写道：“你并不清楚什么是广告，广告行业也没有人清楚，更没有任何一名广告人可以确定他们自己非常清楚。如果你想搞清楚，就告诉这位信使让我上来，我此刻就在楼下大堂等着。”落款是约翰·E. 肯尼迪。托马斯让彼时已经是公司初级合伙人的拉斯克尔接见了肯尼迪，两人一直聊到次日凌晨3点。①

这次谈话给拉斯克尔留下印象最深的一句话就是肯尼迪后来为世人所知的那句名言：Advertising is SALESMANSHIP-IN-PRINT（广告是印在纸上的推销术）。② 肯尼迪提出这个说法之前的西方社会，在1841年世界上第一家广告公司诞生之后的整个19世纪后半叶关于广告最流行的定义莫过于“广告是有关商品或服务的新闻”这种说法了，它仅仅把广告看成一种与新闻传播相类似的告知手段。但肯尼迪却用敏锐的目光直接发现了广告最为核心的商业价值，并用SALESMANSHIP一词将广告作为服务于销售的重要手段这一使命揭示出来，它从根本上改变了流行于19世纪的广告理论，建立了20世纪的广告新概念，创立了广告促进销售的新策略。拉斯克尔很快就高薪雇用了肯尼迪，并在他的协助下创建了独立的、也是广告史上最早的文案部以践行广

① 资料来源：Who was John E. Kennedy？http://www.scientificadvertising.com/authors/jek/。

② CRUIKSHANK J L, SCHULTZ A W. The man who sold America: the amazing (but true!) story of Albert D. Lasker and the creation of the advertising century[M]. Boston: Harvard Business Press, 2010: 54-56.

告服务销售的理念。但这次合作时间并不长,肯尼迪不久就离开了罗德·托马斯。

在肯尼迪离开罗德·托马斯两年后的1908年,拉斯克尔又以更高的年薪18.5万美元[①]雇用了另外一位同样被认为是现代广告业奠基人的克劳德·霍普金斯,二人继续沿着SALESMANSHIP-IN-PRINT这一思路在商业广告的荒原上开疆拓土。霍普金斯比肯尼迪更加坚定地宣称,广告之所以存在的唯一理由和根本目的就是要完成销售某样商品的使命,并且它必须要被测量和评估。他的这些广告主张和理念汇聚在了《科学的广告》和《我的广告生涯》两部著作中,它们共同构成了在今天广告从业人员中广为流行的《文案圣经》的主体部分,指引着人们写出更有销售力的文案。在这本书的介绍部分,编辑写道,"他(霍普金斯)在广告方面的每一个创举,比如优惠券、测试营销、文案调查、邮寄营销和免费试用等,都是围绕广告的效果来进行的。正是霍普金斯把广告变成了一门科学,摆脱了广告的盲目性……使之成为促进经济发展的重要手段"[②]。事实上,正如广告营销领域的著名学者阿尔弗雷德·普利策所认为的那样,在如何有效进行广告方面,当今的广告研究要想获得克劳德·霍普金斯那样的巨大成就,还有很长的路要走。

在霍普金斯近百年之前的著作中,我们看到他所提倡的关注个体、注重销售、创造个性化广告、追踪广告效果等理念,无不与今天我们重点关注的计算广告理念相似相通[③],甚至可以说他所开创的直邮广告是计算广告的雏形,这种形式的广告"追踪到的收益可以精确到每分每毫,每个回复的平均成本和每一美元销售额的平均成本都在追踪到的收益中精确地显示出来……经过这样的长期发展,广告营销成为一门精准科学"[④]。而霍普金斯和拉斯克尔无疑是将广告视为一门精准科学的先驱者、开拓者和捍卫者。也正因此,二人被大卫·奥格威列入"创造现代广告的六巨擘"行列,他在评价霍普金斯《科学的广告》一书的时候这样写道,"除非你看过本书七遍,否则就不能进入广告界"。这也足见霍普金斯对奥格威等后来广告殿堂的关键人物所产生的重要影响。

---

① HOPKINS C C. Scientific advertising[M]. New York:New Line Publishing, 1968:60.

② 霍普金斯.文案圣经:如何写出有销售力的文案[M].姚静,译.北京:中国友谊出版公司,2017.

③ 如霍普金斯说,"我们必须着眼于个人,我们的广告对人也必须像我们平时与人面对面一样,以他们特定的需求为中心,就像每一个站在你面前的人都有特定的需求一样。无论你的生意有多大,都要脚踏实地地看待每一个个体,因为正是那些个体才使你的生意形成了规模"。这与计算广告个性化、场景化、精准化的理念如出一辙。

④ 霍普金斯.文案圣经:如何写出有销售力的文案[M].姚静,译.北京:中国友谊出版公司,2017.

二、从独特卖点论到品牌形象论

事实也的确如此，在拉斯克尔、肯尼迪、霍普金斯等开拓者倡导的广告科学理念基础之上，广告业的后起之秀们结合工商业界和传媒业界的最新进展，进行了更多有益的探索和延伸，罗斯·瑞夫斯在20世纪40年代进一步发展出了USP（Unique Selling Proposition/Point，独特销售主张）理论，大卫·奥格威在20世纪60年代进一步发展出品牌形象理论，艾·里斯和杰克·特劳特在20世纪70年代进一步发展出了品牌定位理论。在传播学领域，1948年使拉斯韦尔声名鹊起的5W传播模型初步奠定了传播学研究的基本范畴和层面，也成为广告领域的从业者们探讨新的广告理念和理论的重要思想来源，并为后来不同时期广告理论的发展注入了新的血液。

瑞夫斯是科学派广告的继承者和卫道者，他也一直以霍普金斯的信徒自居。与拉斯克尔和霍普金斯的理念相同，瑞夫斯对“广告的目的是达成销售”这一观点深信不疑，并坚持认为商业广告应该向用户炫耀产品的价值或独特卖点，而非广告文案的聪明或幽默。也正因此，他自始至终强调广告活动要多些科学成分少点艺术要素，甚至曾经略带偏激地认为“创意”是广告活动中极为危险的一个词语。经过半个多世纪的发展，USP理论早已经成为全球任何一场广告营销战役开始之前的必备策略之一，所有的执行者必然会问的一个问题就是：这款产品的独特销售主张是什么？在《实效的广告》一书中，瑞夫斯认为，“这个独特卖点必须是竞争对手没有或者无法提供给用户的，它要足够独特以至于不管是在品牌层面还是在主张层面，其他广告都不能产生与之相同的效果”①。这也就意味着，一个清晰而独特的销售主张要能够帮助用户理解同一品类中不同品牌之间的差别，使他们形成对于品牌的积极态度并最终提升品牌的记忆和回想效果。尽管瑞夫斯本人并不喜欢过分强调广告创意，然而广告创意人却非常喜欢瑞夫斯所提出的USP理论，并将之奉为进行广告创意和策划的重要法则。也正因此，瑞夫斯的USP理论成了整个20世纪广告史上最早形成的一个广泛且具有实际影响力的广告营销理论，成为无数广告从业人员铭记于心的“金十字架”。

同样继承了霍普金斯和拉斯克尔衣钵的英裔广告大师奥格威在他的广告生涯中，也格外强调广告所必须承担的销售功能：“做广告是为了销售产品，否则就不是做广

① REEVES R. Reality in advertising[M]. London: Macgibbon and Kee. 1961: 46-48.

告”“一个广告和另外一个广告之间的差异是用销售力的尺度来衡量的,它可以是 19 ∶1。”这种观念的形成与他在创办奥美之前担任推销员和调查员的经历有着必然的关系,这期间他写出了《财富》杂志宣称的“有史以来写得最好的销售手册”,并有 3 年多的时间受聘于盖洛普民意调查机构,在全球范围内为好莱坞进行客户调查。这段经历直接塑造了奥格威的市场观和方法论,对他后来形成的品牌形象理论也产生了极大的影响。

1928 年,乔治·盖洛普完成了他的博士毕业论文《确定读者对报纸内容兴趣的客观方法》,1930 年他发表了另一篇重要论文《用科学方法而不是猜测来确定读者的兴趣》,1935 年他又以自己的名字命名创办了全球第一个客观而科学的民意调研机构。直到半个世纪后的 1984 年,这家调研机构深刻地影响了政治学、新闻学、传播学以及广告学的调研方法和实践方法的走向,盖洛普本人也因在市场调研方法层面的巨大影响力先后进入大众传播名人堂和广告名人堂。1938 年奥格威加入盖洛普调查公司后所从事的工作,不但锻炼了他的能力,而且也使他更加相信自己对于市场的判断力和对于消费者的洞察力,这为他在 1948 年创办奥美广告公司打下了坚实的基础。经过 70 年的风雨历程,最初只有两名员工的奥美已经在全球 100 多个国家和地区设有了 359 个分支机构,而它的创办者奥格威也因其对全球广告业的巨大影响而被称为“现代广告教皇”,奥美、奥格威、品牌形象论也经常被全球广告人放在一起进行讨论学习。

事实上,尽管奥格威本人一再强调广告的销售功能,品牌形象论也重点突出了品牌作为一项投资对于企业整体销售和长远利益所带来的巨大价值,但这一广告理念对拉斯克尔和霍普金斯所倡导的科学广告理念来说,依然有着革命性的颠覆作用。其原因主要在于品牌形象论将对品牌的长期投资放在了首要的位置,从而开启了广告营销领域长达半个多世纪的争论:是要长期利益还是短期利益?是要品牌形象还是销售业绩?是要广告创意还是要客观数据?之所以存在这样的争论,是因为大家普遍认为品牌作为一种资产,其整体价值可以被测量,其各个组成部分的实际效用可以被评估①,但在实操层面,品牌资产对销售业绩所带来的价值在多大程度上能够被评估和测量却是一个大大的问号。对品牌形象广告的过分注重和巨额投入带来了另外一位著名广

① KELLER K L. Conceptualizing, measuring, and managing customer-based brand equity[J]. Journal of marketing, 1993, 57(1): 1-22.

告人约翰·沃纳梅克所提出的广告营销界的哥德巴赫猜想:我知道广告费用的一半被浪费了,但却不知道是哪一半。也正因此,品牌形象论在后来非但没有成为科学派广告的理论支撑,反而成为创意派广告用来刻意区分品牌广告和实效广告的得力工具。

三、定位语境下的4P、4C组合

与品牌形象理论一脉相承的品牌定位理论试图在品牌塑造和促进销售之间进行平衡,它强调了品牌必须通过不同于竞争对手的差异化定位的方式在消费者脑海中占据某个位置。艾·里斯和杰克·特劳特被普遍认为是定位理论的提出者,1969年,特劳特在《工业营销》杂志发表了第一篇介绍定位理念的署名文章《定位:同质化时代的竞争之道》,文章较为详细地介绍了里斯公司的营销策略。1972年,《广告时代》杂志先后刊登了里斯和特劳特的系列文章《定位时代的来临》,不久后这些文章被整理成系统介绍定位理论的单行本广为流传①,定位理论也成为"有史以来对美国营销界影响最大的观念"。

而事实上,除了定位理论,营销领域的很多其他理念和工具也都被广告人拿了过来用以指导他们的广告作业流程,尽管侧重点有所不同,但毕竟广告与营销之间存在的交集太多、关联太密切、目标太相近。1960年,杰罗姆·麦卡锡提出了一种全新的营销组合深深地影响了营销实战领域和学术领域②,他在《营销基础:一种营销管理方法》这本教材中给出了服务于营销决策的4P理论及其基本框架:这一营销组合主要包括产品、价格、渠道和促销③。在这个营销组合中,广告被视为促销手段的重要方式之一。而在广告实践中,从业者在进行策划、创意和传播的时候,他们所涉及的范畴也已经远远超出了广告本身,综合性的广告公司往往在向广告主进行提案的过程中以广告为出发点,同时使用4P营销组合向广告主提供更全面的营销建议和执行方案。

30年后的1990年,北卡罗来纳大学新闻传播学院的广告学教授罗伯特·劳特朋在一篇题为《4P退休4C登场》的文章中介绍了另一种新的营销组合框架,这是一个

---

① ELLSON T. Culture and positioning as determinants of strategy: personality and the business organization[J]. Springer, 2004:260.

② DOMINICI G. From marketing mix to e-marketing mix: a literature overview and classification[J]. International journal of business and management, 2009, 4(9): 17-24.

③ CONSTANTINIDES E. The marketing mix revisited: towards the 21st century marketing[J]. Journal of marketing management, 2006, 22(3-4): 407-438.

以消费者为中心的4P营销组合的新版本,其主要目的是试图顺应大众市场向利基市场转变的时代趋势。[1] 4C理论将消费者、成本、便利和沟通四大要素与4P理论中的四大要素进行对应,强调了以消费者需求为中心的营销沟通方式。这种理念的转变尽管没有如它预期的那样更加关注利基市场,但它的确充分反映了大众市场在供求关系层面发生的根本性转向:即从产品本位主义向消费者本位主义过渡。在这样的背景下,广告所沟通的对象依然是大众媒体的受众,广告对销售所起的作用依然是通过AIDMA[2] 五个步骤来完成的。尽管4C理论相比4P理论更加关注广告活动中与消费者进行更加有意义的平等沟通和良性互动,但实际上它并没有本质上的突破与超越。

在提出4C组合策略两年后的1992年,劳特朋教授与美国西北大学的教授唐·E.舒尔茨教授和斯坦利·田纳本教授共同出版了《整合营销传播》一书,作为营销专业的教材,尽管这本书再一次强调了4C对4P的取代作用,但实际上它更重要的意义在于大力地推广了整合营销传播这一理论。很快,整合营销传播以其简单明了的核心理念Speak With One Voice而在营销界和广告界的从业人员脑海中形成了深刻的印象,并在世纪之交的时间节点上成了整个大众传播时代广告营销理论的集大成者,舒尔茨也成为整合营销学派的经典代言人。整合营销传播这一概念以其本身较强的张力,将过去一个世纪广告领域、传播领域、营销领域的主要观点整合在一起,将焦点聚焦在通过整合包括标准广告在内的多种手段来满足组织的传播需求[3]这一个点上,在这方面无疑它是成功的。如果它是在大众传播时代刚刚开启的时候提出来的,那么它一定会获得更加真实而广泛的影响力;但遗憾的是,它是在大众媒体如日中天的20世纪90年代出现的,当时间跨过2000年之后,大众传播和大众广告迅速地走上了转型的轨道,Speak With One Voice的方法论根本就无法被新的碎片化、个性化和差异化的消费市场所接受。新的媒介、新的供求、新的用户……意味着广告营销领域在理念和方法上都需要新的突破。

---

① 资料来源,LAUTERBORN B, New marketing litany: four Ps passé: C-words take over。

② Attention 注意,Interest 兴趣,Desire 欲望,Memory 记忆,Action 行动。

③ KLIATCHKO J. Revisiting the IMC construct: a revised definition and four pillars[J]. International journal of advertising, 2008, 27(1): 133-160.

第二节　广告营销的技术革命：从洞察到认知

一、关于广告效果的争论

回顾20世纪的广告理论发展脉络，我们能够清晰地发现广告业的先驱们在其发展初期就已经确定了广告作为销售工具的基本属性。然而也必须看到，对于广告是否真正很好地实现了其销售效果、达成了其销售使命的争论，其实在肯尼迪提出“广告是印在纸上的推销术”这一理念的时候，就已经为科学派广告和创意派广告的分歧埋下了深深的伏笔，并最终被沃纳梅克总结为那句通俗但经典到无法超越的语录：我知道广告费用的一半被浪费了，但却不知道是哪一半。这句话经常被广告学界业界、业内业外的人们拿来当作笑谈，但它生动直白地击中了20世纪大众传播语境下广告研究和广告实践所面临的最根本的理论难题和技术困境。

在大众传媒发展的早期阶段，无论是广告人、广告主还是用户都认为广告的目的就是销售、广告对于销售的促进作用是有着显著效果的；而随着大众传媒业、广告业和工业经济的快速发展，学术界和产业界逐渐发现广告效果的“魔弹论”越来越难以奏效，那些扛着科学大旗的广告公司也无法清楚地向它的雇主解释究竟广告对销售起到了什么样的作用，在多大程度上达成了绩效目标。在新的市场环境、信息环境和媒介环境下，缺乏重大的理论建树和技术突破，成为建立在工业经济和大众传媒基础逻辑上的20世纪广告业继续保持高歌猛进姿态的最大发展瓶颈，并直接导致传统4A广告公司版图在大数据、云计算和智能媒体语境下的分崩离析。

实际上，通过对20世纪不同时期的广告理念和策略的历时性研究，我们发现每一种不同的广告学说/假设的产生和流行，都是与当时的大众媒体发展状况和市场经济供求关系紧密相连的，也都在一定程度上受到了彼时广告业界和工商业界的认可甚至推崇，并因为市场的检验和事实的佐证而在不同程度上反映了当时当地的广告生态。例如，霍普金斯致力于提升广告的科学性，但当时广告对于产品销量的提升究竟是因为其精雕细琢的广告文案，还是因为早期的媒体受众对广告与新闻之间的区别还有些傻傻分不清楚，抑或是因为工业产品本身的供不应求导致消费者在接触到广告信息之后便直接作出了购买决定？事实上，无论是早期的科学广告说、实效广告说，还是中期的品牌形象论、产品定位论，再或者是晚期的4C营销组合、整合营销传播等，都无法用真实的数据、客观的标准和显著的效果证明是广告对于销售起到了直接的作用。

在这样的背景下，对广告效果及其科学性的争论是无法在根本上平息的。客观来说，这并不是由于广告从业人员的能力造成的，而是由于大众传播媒介本身的局限导致的。无论借助报纸杂志还是广播电视，广告主和广告公司都无法真正掌握广告受众或媒体受众太多具体的信息，他们既无法准确地统计每一位用户的个性化需求，又不能清晰地对每个人进行用户画像。因此，在模糊的市场观中形成的方法论，也只能是针对受众是无差别的同质化群体这一假设而形成的，并最终形成了基于盖洛普抽样调查模式的量化研究方法和基于4A广告公司市场洞察模式的经验主义研究方法。广告公司非常清楚，对消费者的充分了解是他们能否在日益激烈的市场竞争中生存下来的关键，类似智威汤逊（JWT）这样的广告公司很早就开始以市场调查的方式来洞察用户的品牌消费行为，以便向广告主提供更合适的广告策略①，尽管很多时候广告公司会对抽样调查得出来的数据和结论进行修正以使之更符合他们对消费者的"深刻洞察"。

可以说，20世纪建立在工业制造和大众传播基础之上的广告模式和广告理论，都在策划、文案、创意和媒介等广告流程的"洞察"环节上倾注了占绝对优势的人财物资源，以至于无论业内还是业外的人在谈论广告的时候首先要想到创意，却有意无意地避开了它在最本质上应该作为一个为达成销售而服务的科学手段这一核心属性。就连在广告领域从事市场调查工作的毕业生，除了要具备市场营销学、统计学、社会学、消费者行为学等课程的专业知识，还要强调他们还应该具备"创意性思考"的能力②，而不是以事实和数据为基础进行"科学性思考"的能力。事实上，这种状况并不能归咎于广告从业者和研究者，大众传播媒体在数据采集技术和用户跟踪技术等方面的局限，才是广告无法借助测量或验证从根本上科学起来的客观原因。

---

① PETTY R D. A history of brand identity protection and brand marketing[M]//The Routledge companion to marketing history. London: Routledge, 2016: 97-114.

② BOUDREAUX M. Prepare for your future in marketing, your interviews, and something "extra"[J]. Student edition marketing news, 1984, 2: 3-4.

二、品牌传播 VS 销售导流

直到今天,对于广告应该在多大程度上承担销售功能的争论依然还在沿着科学派与创意派的分歧继续走下去,这也就是在当下的互联网和移动互联网环境中所体现出来的效果广告与品牌广告的区别。传统大众媒体、广告公司、公关公司偏重品牌促进增长的营销方式,通过品牌广告塑造的经典形象为企业和产品带来持续关注度、美誉度和忠诚度,但它不强调广告与销售之间的直接必然关联。《当代广告学》对于广告概念的界定很好地反映出了品牌广告的功能和价值:“广告是由可识别的出资人通过各种媒介,通常是有偿的、有组织的、综合的和非人员性劝服的,进行有关产品(商品、服务或观点)的信息传播活动。”①这个定义意味着,广告(尤其是品牌广告)的本质功能是一种品牌告知和信息传播活动。“广告的根本目的是广告主通过媒体达到低成本的用户接触……进而影响其中的潜在用户,使他们选择广告主的概率增加,或者对产品性价比的苛求程度降低。”②这种思维直接影响了早期互联网广告的理念与实操,无论是媒体、广告主还是广告公司在互联网发展初期都仅仅把互联网广告视为大众媒体广告的一种线上形式,并仍然坚定不移地认为网络展示广告的主要目的是对品牌认知的一种支持。③

在近些年的实践过程中,新兴的数字化媒体和网络营销公司则会更加强调在互联网和移动互联网的应用场景中,以精准投放为手段、以销售效果为导向,对广告所带来的销量进行更精细化和集约化的运营。“在新媒体时代,人类的行为和态度可以通过数据的形式呈现出来,如果能够对数据进行采集、分析、探索及应用,就能做到精准营销,引导广告商将资金投向有需求的特定受众,不仅可以帮助广告主省下大批的预算投资,还能够在精准定义市场需求的基础上提升广告效果。”④之所以发生这种转变是因为,传统媒体广告投放的总投入容易确定,但总产出很难衡量,然而在互联网广告投放的场景下它的总投入和总产出都有非常直接的数据作为支撑,广告曝光之后的用户点击、下载、注册或者购买行为都能够被记录、收集和分析,这些数据可以作为调整或

① 阿伦斯.当代广告学[M]. 丁俊杰,程坪,陈志娟,等译.北京:人民邮电出版社,2013:2.

② 刘鹏,王超.计算广告学:互联网商业变现的市场与技术[M].北京:人民邮电出版社,2015:7.

③ 资料来源:CHAFFEY D, ELLIS-CHADWICK F, Digital marketing: strategy, implementation and practice。

④ 杨扬.计算广告学的理论逻辑与实践路径[J].理论月刊,2018(11):162-167.

优化广告投放策略的客观依据，从而帮助企业的营销人员不断提升广告活动的投资回报率（ROI）。

这也恰恰正是数据驱动的效果广告在2010年后席卷全球营销领域的重要原因。尽管效果广告发展迅速，但我们仍然面对着这样的一个现实：大多数广告主对营销总监、市场总监甚至运营总监的招聘要求还依然停留在过去的"品牌总监"逻辑中，即使这个总监有可能不懂互联网、移动互联网、效果广告投放以及线上线下流量转化等运营策略，知识结构的老化和技术基因的缺乏正在成为很多企业在新的环境中谋求转型的限制因素。互联网尤其是移动互联网快速发展所带来的营销进化是一种质变，它意味着广告不只是在用户面前的呈现和曝光，更重要的是他们能够立即在手机端通过点击广告、跳转到产品或品牌的交易页、完成在线下单支付等几个简单步骤从而实现最终的销售效果。也就是说，移动互联网广告的营销效果因为让用户增加了一个闭环型的点击购买动作而变得更具备可测量性。

基于大众媒体的品牌广告"无法实现即时场景、即时即刻的用户购买，而基于移动端的效果营销必然是转化链更短、效率更高也更为先进的营销模式……在移动互联网时代，一切传播形式都具备导向购买（或下载、注册等用户行为）功能，这是一个根本的思维取向。如果不能导向购买，则不叫效果营销"①。因为技术的进化已经极大地压缩了从广告曝光到购买决策的时间和空间，这对于广告促进销售的效果提升至关重要。一条广告信息从打动用户到触发他的购买冲动往往只是转瞬即逝的几秒钟时间，如果广告活动能够在当时当下解决从曝光到购买的转化问题，那就意味着它可以完成即时销售，而不需要像传统广告那样经历"曝光—关注—理解—接受—保持—决策"这一系列漫长的时间周期和空间距离。否则，在快节奏的信息环境下，一旦用户因为无法直达交易页面而跳出当前场景，在经历了一段时间的保持期、遗忘期或者冷静期之后，广告直接促进销售的效果必然因为丧失最佳的交易窗口期而大打折扣。这也就是为什么传统大众媒体的品牌广告无法向广告主承诺销售业绩而仅仅只是强调其信息传播功能的主要原因。

① 杨飞.流量池[M].北京：中信出版社，2018：27.

三、新技术造就新思维

“从传统大众媒体向数字化媒体的转变,使得广告营销活动能够更容易地获取、存储和分析数据,从而大大提高了数据的利用效率。”①借助于前沿的数据技术对用户行为数据和消费数据进行的分析和挖掘,营销人员能够在个体层面上对不同用户的兴趣、偏好和需求形成更加客观和全面的认知,而不是仍然使用经验主义的方法在市场调查获得样本数据基础上进行主观的用户洞察。由于用户各方面的数据处于不断更新的状态之中,因此营销人员对用户所形成的认知也会随着数据的更新而处于一个动态完善的过程中。借助于大数据所形成的用户画像,营销人员及其所使用的程序化软件可以对不同时间、不同地点、不同状态、不同场景和不同情绪下的用户实施不同的广告投放策略。这使得全新环境下的精准营销技术越来越强调广告本身与用户需求之间的相关性②,相关性越高,广告投放的精准程度也就越高,用户点击并完成购买的转化率也就越高。

从本质上来看,大数据思维和技术在广告营销领域的应用,正在从底层逻辑上对大众媒体时代的市场调研方式和消费者洞察方式进行解构,它在很大程度上克服了市场分析和广告投放等方面的经验主义倾向,为我们在广告营销领域建立更加客观的认识论和更加实效的方法论提供了新的思路。具体而言,大数据作为一种全新的思维和应用不仅仅是一种网络技术和统计方法,而且对我们从经验主义的洞察模式向数据主义的认知模式转变有两方面的影响:一方面,市场分析的对象从有限样本扩展到了总体用户,它解决了过去 4A 广告公司市场洞察太过主观的弊端:“由于无法穷尽一切样本,因而无法保证结论的可证伪性,以致很多形而上学命题带有较大的偏见。”③另一方面,它更加注重呈现不同变量之间可能存在的关系,这也就意味着营销人员能够发现更多非线性因果关系,但的确在事实层面上直接影响用户购买和产品销售的客观因素,并进一步利用包括广告在内的一切手段对这些因素施加影响从而提升营销活动的效果。

---

① 资料来源:NESLIN S, BLATTBERG R, KIM B, Database marketing: analyzing and managing customers。

② ZABIN J, BREBACH G. Precision marketing: the new rules for attracting, retaining, and leveraging profitable customers[M]. New York: John Wiley & Sons, 2004:47.

③ 段虹,徐苗苗.论大数据分析与认知模式的重构[J].哲学研究,2016(2):105-109,129.

这都使得营销人员有机会对市场、用户、产品进行更加客观、理性和全面的认知，并且利用大数据分析和计算的方法有针对性地将不同的产品信息个性化地匹配给不同的用户。事实上，用户需求的个性化和差异化特征并不是今天才呈现出来的，在市场经济从卖方市场向买方市场转变的时候它就已经萌芽，但工业社会的大规模生产、传播和营销方式并不支持低成本的、面向具体用户的产品定制、信息定制和沟通方案定制：尽管理论上营销人员可以对市场进行无限的细分，但在技术层面和经济层面都无法将这种理想状态落地。直到计算机技术、互联网技术和大数据技术在21世纪的第一个十年取得了突飞猛进的发展，计算广告概念的出现才在技术应用层面上对这种个性化的营销策略予以确认。

在美国计算机协会和美国工业与应用数学学会联合举办的世界计算机算法最权威的离散算法研讨会（SODA，Symposium on Discrete Algorithms）第十九次学术年会上，时任雅虎研究院资深研究员的安德烈·扎里·布罗德较为系统地介绍了计算广告与推荐系统等概念，不久后他与另外一位同事又在斯坦福大学开设了计算广告学导论的课程。可以说，计算广告这一概念是在互联网技术和互联网广告快速发展的前提下，由具有计算机科学、数据科学、数学算法等背景的互联网广告一线科研和从业人员——而不是那些在传统大众媒体广告领域的创意、策划、投放人员或者广告学术研究者——率先总结提出并迅速与产业实践结合的一个应用型概念。虽然没有对计算广告的基本定义及其内涵和外延给出清晰的界定，但是他在这次学术研讨会上以及不久后参加几个不同的关于推荐算法的研讨会上都明确提出了“计算广告的核心挑战是为特定场景下的特定用户找到一个合适的广告，以实现‘最优’匹配”（The central challenge of computational advertising is to find the “best match” between a given user in a given context and a suitable advertisement）①。

事实上，计算广告理念是对20世纪初拉斯克尔和霍普金斯等人提出的科学广告理念的一种新的诠释，但计算广告与科学广告两个概念所赖以存在的基础是不同的，后者是建立在大众传播时代对市场深刻洞察的基础之上的，而前者则是建立在网络传播时代利用大数据对用户进行全面认知的基础之上的。

---

① 资料来源：BRODER A Z, Computational advertising and recommender systems, Proceedings of the 2008 ACM conference on Recommender systems。

第三节 计算广告学:新时代的广告新科学

一、数据与算法提升精准度

“广告传播就是建立在各种计算的基础之上的,一切计算都是围绕着目标人群展开的……计算是内置于广告中的一个核心理念,广告就是在计算的基础上展开其传播活动的。”①无疑,计算广告因为其数据化、精准化、定向化、场景化、动态化和智能化等特征,将广告活动的客观性、实效性和科学性提升到了一个全新的高度。也正因此,计算广告的概念一问世就引起了国内外广告产业界和学术界的广泛关注。比起程序化广告的概念,计算广告以其明确的理念主张和丰富的理论内涵对广告研究者有着更强的亲和力,而程序化广告则因其较强的技术性、应用性和限定性缺乏一定的理论高度和外延宽度,因此当广告业界和学界将关注焦点从程序化投放逐渐扩展到将大数据和人工智能等技术应用在广告创意、策划、传播、反馈等各个环节的时候,计算广告的概念张力要远远比程序化广告强很多。

越来越多的广告公司和广告主可以通过更加先进的技术获得更强大的数据挖掘能力和计算能力,而这种巨大的变化发生的速度简直快到令人难以置信,在不到十年的时间里,大数据思维和应用已经在各个行业遍地开花。新的营销机构不断地去教导那些工业时代的广告公司和广告主如何使用与计算广告相关的新技术和新方法。对广告公司和广告主而言,所谓的“计算广告”更多地是指我们如何在总体用户和总体产品的海量数据中“计算”出具体用户需求和具体产品供给之间高度相关的匹配关系,这是数据的获取、加工和产出过程。事实上,传媒和广告领域的从业者已经开始大规模地利用数据挖掘技术为用户量身定制更有吸引力的广告信息和媒体内容,我们正在从使用传统媒体手段传播信息的模式向使用技术手段在最佳的时间和地点针对定向用户传播定制化信息的模式过渡。②

---

① 颜景毅.计算广告学:基于大数据的广告传播框架建构[J].郑州大学学报(哲学社会科学版),2017,50(4):150-154.

② COULDRY N, TUROW J. Advertising, big data and the clearance of the public realm[J]. International journal of communication, 2014, 8(1): 1710-1726.

"数据成为互联网广告组织运作的核心要素,贯穿于互联网广告的全流程,数据的来源、质量和算法决定了广告匹配的效率,也决定了计算广告的交易价格与价值,因此成为计算广告最大的驱动力。"①在大数据的海洋里,我们可以将沃纳梅克的经典名言改造为"我们的数据有一半以上都是垃圾,只不过我们不知道是哪一半",但我们可以将过滤掉垃圾数据并发现有效数据的过程交给计算机程序来完成。这个困境的解决也就意味着我们能够通过数据主义和计算主义的方式解决广告预算浪费一半的难题,从而实现广告客观性和科学性的提升。

谈到科学,实际上它主要在两个基本方面改变了我们的认知:一个方面是外向的,即人类对于外部世界的认知;另一个方面是内向的,即人类对于我们自身的认知。建立在大数据基础上的计算广告之所以将广告活动在科学角度提升了一个台阶,是因为无论对于营销活动所处的外部环境还是对于作为营销对象的用户内心,它都建立起了更加全面而清晰的认知。互联网、大数据、人工智能、机器学习等全新的信息科技使我们对广告活动的判断和决策越来越明智,广告营销的效果也变得越来越明显,可以说整个营销领域的外部环境和内部规则都正在被计算广告所改变和再造,但这种重构依靠的不再是传统广告人所擅长的策划、创意、文案等洞察能力,而是建立在数据科学家和算法工程师更加严谨的数据处理和算法匹配等基础上的。我们正见证着一次划时代的、前所未有的广告营销革命,这是一场从大众营销向精准营销的变迁,后者在不断继承前者所积累的理论及实践精髓的基础上,重新构建着属于信息社会的广告营销新科学范式:计算广告学范式。

二、营销能力的升级再造

关于科学范式,美国著名科学哲学家托马斯·塞缪尔·库恩主要用这个概念来指那些在特定时期内界定了一项科学规则的理念和实践。在那本影响了当代科学进程的《科学革命的结构》一书中,库恩认为一种科学范式通常被认为是在一段时间内为某一实践共同体成员提供问题模型和解决方案的科学成就,②它包括了一个共同体成员所共享的信仰、价值、技术、基本模式、基本结构和基本功能等,是具体某一科学领域

① 马澈.关于计算广告的反思:互联网广告产业、学理和公众层面的问题[J].新闻与写作,2017(5):20-26.

② KUHN T. The structure of scientific revolutions[M]. 1st ed. Chicago:University of Chicago Press,1962:10.

研究者和从业者从事日常研究和业务活动的理论基础和实践规范，即认识论和方法论。当然，无论对于全球的整体科学界还是对于任何一个具体的科学领域，尽管其科学范式有较强的稳定性，但它并不是一成不变的，库恩把这种从旧的范式向新的范式变革的过程称为"范式转换"。范式转换意味着理论基础、思维逻辑和实践方法发生了本质的变化，新范式与旧范式不再享有共同的认识论和方法论，过去所积累起来的经验精髓和应用策略可能无法适应新技术、新环境和新世界的需求，不断涌现的新现象、新思维、新知识和新理论在现实层面上逐渐打破了原有的研究假设和基础法则，从而使得科学/学科的基础理论和应用逻辑发生了根本性的调整或颠覆：新的范式及其研究者必须承诺能够最大限度地对不断涌现的明显且广泛的具体问题提供全新的解决方案。①

事实上，在当前这个时代，科技革命正是范式转换的核心驱动力，近 30 年来的互联网浪潮和人工智能进化已经解构了包括广告科学在内的太多具体科学领域的思维方式和行为方式。在广告营销领域，工业时代确立起来的旧范式正在被瓦解，那些我们曾经习以为常的营销方式和广告策略在信息时代已经无法奏效，"有些知识我们曾经坚信不疑，视它们为权威机构最坚不可摧的基础。然而如今，这些知识也遇到了质疑，从而使得这些机构都受到了冲击"②，典型的如全球性 4A 广告公司及其赖以存在的策划、创意和媒介购买体系，在面对移动互联网的冲击时已经到了捉襟见肘的地步。无论广告营销的产业界还是学术界，我们都应该清醒地意识到，当获取、保存、传播、交互、生产和消费信息的媒介和方式发生变化的时候，广告营销的基本法则也发生了相应的改变，在旧世界的废墟上建立新范式已经成为当务之急。

对广告科学而言，新范式与旧范式的最大区别在于它是以当前科技革命的核心技术集群及应用成果为基础的，其所有理论拓展和应用创新都离不开对互联网、移动互联网、大数据科学、人工智能科学等技术手段的运用。而这也恰恰正是旧范式先天存在的最大缺陷，它直接导致了旧范式无法为层出不穷的新营销问题提供可行的解决方案。2018 年 3 月，《经济学人》商业版块的一篇文章直截了当地宣称科技已经取代了世界广告巨头，而像 WPP 这样的传统 4A 公司的的确确在技术的冲击下面临着改变其商业模式中陈旧和低效元素的巨大压力。具有数字化专业知识的咨询公司（如德

① KUHN T. The structure of scientific revolutions[M].1st ed. Chicago: University of Chicago Press, 1962: 168-169.

② 温伯格.知识的边界[M].胡泳，高美，译.太原：山西人民出版社，2014：8.

勤和埃森哲)正在与各大广告公司展开竞争,因为他们知道如何通过数据、机器学习和应用程序更好、更便宜地与消费者建立联系;谷歌和脸书这样的互联网企业可以运用强大的网络力量让大大小小的公司通过它们的平台轻松地投放广告;亚马逊等电子商务网站以及互联网时代直接面向消费者的新兴企业影响力越来越大,这削弱了广告巨头的分销能力和议价能力……①

总之,技术力量正在突破大众传播时代形成的广告营销旧范式,并“已经成为广告业的核心生产力……健全和加强广告管理,必须研究新的技术变化,运用数字技术,改变管理理念和方法”②,也就是建立广告科学的新范式。对旧范式及建立在旧范式基础上的广告公司、广告主、研究机构和从业者们而言,与其悲观地认为这是一场知识、理论乃至范式的危机,不如乐观地将新范式看作对自身知识结构和营销能力的一场提升与再造。比起过去,计算广告学的新范式虽然对营销人员提出了更多的要求,但它正在拓展广告学科和广告实践的视野,以使其更加客观、科学、透明、有效和友好。

三、从魔法艺术到广告科学

计算广告作为广告营销进化过程中的一种广告形态或发展阶段,是互联网媒体进行精细化流量管理和广告主进行集约化预算投放的必然要求。从杨致远 1994 年创办雅虎公司,将互联网广告比喻为“伫立在高速公路两旁的广告位”,到国内外各大互联网巨头的大量程序员和工程师不断对流量进行拆分、对算法进行优化、对用户进行定向,这个过程不但是一个广告媒介迭代的过程,也是一个广告技术变革的过程,更是一个广告思维和范式转换的过程。

2008 年之后,计算广告作为一个逐渐被接受和认可的概念越来越多地出现在算法工程师、数据科学家、互联网从业人员、广告从业者和广告主的视野中。尽管布罗德对计算广告概念的普及起到了非常重要的作用,但实际上彼时计算广告技术在互联网商业模式中的应用已经成为一种较为普遍的现实(如雅虎、谷歌、百度、腾讯等都开发了广告精准投放系统),并已经极大程度地提升了广告投放的准确程度和触达效果。然而关键词优化、实时竞价、程序化购买、个性化推荐等概念尽管遍地开花,却无法将

① Mad men adrift: technology has upended the business model of the world's advertising giants[J]. The Economist, 2018:64.

② 陈刚.技术成为广告业的核心生产力[J].声屏世界·广告人,2019(Z1):43-44.

广告领域最新的技术创新提炼升华为更具有普适性的理念结晶，亦即形成一种广告营销的新范式。因此，计算广告和计算广告学所承载的重要使命与其说是引导营销形态的实践探索，毋宁说是助推广告科学的范式转换。事实证明，过去十年计算广告理念和应用的普及已经为这种范式转换打下了坚实的基础，今天，无论是互联网从业者还是大众媒体从业者，无论是广告公司还是广告主，他们在从事广告营销活动的过程中无时无刻不在思考的一个共同目标就是"运用计算能力实现海量用户与海量广告之间的精准匹配，也就是在合适的时间、合适的地点以合适的频次、合适的方式将合适的广告投放给合适的用户"[①]，这种比较一致的共识意味着广告科学的新范式已经初具雏形。

而在此前并不是太久远的时期，广告活动还是一种建立在过去经验积累和大胆猜测基础之上的魔法艺术（black art），忽然之间广告主就能够将信息高度精准地定向投放给那些对具体话题感兴趣的个体用户了。这样，广告将不再是一种"妖术"，而是一种方兴未艾的科学。[②] 随着互联网的进化和大数据技术的运用，越来越定向化、互动化和友好化的广告设计及投放方式将会对互联网经济乃至整个社会的发展方式产生巨大的影响。深深扎根于数学、数据和算法基础上的计算广告方法变得越来越必要且将作为一种基础性工具继续深化发展下去。[③] 事实上，随着近几年大数据、人工智能、机器学习等技术与广告活动各个板块、各个环节的深度结合，新范式下的新思维、新技术和新应用早已经远远超出了互联网广告的程序化投放这一特定领域，扩展到了包括几乎所有主要媒体形式和主要广告环节中，因此我们看到建立在数据挖掘和计算能力基础上的精准化用户画像、程序化文案创意、智能化视频生成、互动化广告沟通等新工具大行其道。在这样的智能媒体和智能营销语境下，我们就可以清晰地对广告科学新范式中的两个核心概念进行界定，"计算广告是根据特定用户和特定情境，通过高效算法确定与之最匹配的广告并进行精准化创意、制作、投放、传播和互动的广告业态……计算广告学是广告学领域新近兴起的一个分支学科和交叉学科，它是研究计算广

① KELLY K. Computational advertising [EB/OL]. (2008-01-15) [2021-04-15]. https://kk.org/thetechnium/computational-advertising/ .

② The new science of computational advertising[EB/OL].(2012-06-12)[2021-04-15].https://www.technologyreview.com/s/428174/the-new-science-of-computational-advertising/ .

③ 资料来源：YUAN S, ABIDIN A Z, SLOAN M, et al, Internet advertising: an interplay among advertisers, online publishers, ad exchanges and web users, 2012。

告业态的历史、理论、形式、流程、策略、管理、技术与趋势等内容的一门科学”①。

这时，站在新范式的视角再来看品牌广告与效果广告之间的分歧与争论，就会发现无论是品牌广告对于洞察和创意的强调，还是效果广告对于数据和结果的看重，实际上都已经无法摆脱它们对数据主义和计算主义的技术和工具的高度依赖，尽管纯粹情绪化和艺术化的广告创作依然不会消亡，但它已经不是新范式下的主导思维和主流策略了。在计算广告学逐渐被确立为广告科学新范式的时代背景下，品牌广告和效果广告二者之间的关系正在从过去的相互对立向品效合一过渡。当所有媒体类型都完成了智能化转型之后，品效合一在理论层面和技术层面也就彻底具备了现实可行性。正如分众传媒的创始人江南春所认为的那样，对广告营销活动而言，建立在流量基础上的效果广告与建立在定位基础上的品牌广告不但要坚持两手抓两手都要硬，而且还必须努力做到品效合一，因为“流量占据通路，品牌占据人心；流量相当于促销，而品牌才是真正的护城河”②。只有做到品效合一，广告主才能实现营销费用的最优化利用和销售效果的最大化发挥。所以，新的范式并没有彻底摒弃旧范式积累下来的用户洞察、创意传播、心智占领等思想精髓，而是用数据主义和计算主义的方法把它们量化、精准化和智能化了。

第四节　结语

新范式的基本逻辑已经确立，算法、大数据和人工智能等核心技术的密切结合在21世纪的第三个十年给广告、媒体乃至整个社会带来的影响将会远远超过计算机和互联网在过去三十多年对它们造成的改变，尽管这种改变已经非常巨大，但未来的广告营销和信息传播图景将会以更快的速度、更宽的广度和更大的强度刷新所有人的认知。甚至，在万物皆媒的智能时代，广告营销与其他信息服务之间的边界都将彻底消失，一切以解决用户信息需求为目的的活动都将变得更加服务化，我们也将重新界定广告：从广告即销售、广告即传播向广告即服务、营销即服务（Advertising/Marketing-as-a-Service）转变。这种图景并不是虚无缥缈的海市蜃楼，而是已经缓缓展开的百年

① 刘庆振，赵磊.计算广告学：智能媒体时代的广告研究新思维[M].北京：人民日报出版社，2017：73.

② 江南春.新手，什么样的广告划算效果好？[EB/OL].（2017-01-19）[2021-04-15].https://36kr.com/p/5062362.html.

画卷,它将彻底改变我们的营销方式、互动方式、社交方式和生活方式,并为整个21世纪媒体经济和社会形态将要经历的根本性变革定下基调。届时,尽管广告的概念会发生变化,但是新范式的理论逻辑、技术基础和基本目标都会在较长的时期内处于相对稳定的状态,那就是:运用最优秀的算法对海量的产品供给和广泛的用户需求进行个性化、动态化、智能化和精准化的完美匹配。谁能更好地提供这一服务、完成这一目标,谁就会是广告科学新范式游戏规则下的新赢家。那时候,今天正流行的用一套算法向所有用户进行精准化信息投放和个性化内容推荐的方式将彻底成为历史。既然用户的信息需求是个性化的,那么为他们提供解决方案的算法服务也应该是个性化的,而更多的数据、更智能的程序和学习能力更强的工具,将使之成为现实。

重要术语

科学派广告　USP理论　定位　4C　4P　品牌形象理论　整合营销传播　ROI　品效合一

思考题

1.结合理论提出背景,谈谈你对"广告是纸上推销术"的理解。

2.科学派广告的代表人物有哪些?他们的观点分别是什么?

3.定位语境下的4C有哪些特点?

4.智能媒体时代广告效果监测有哪些新方式、新特点?

5.结合实际案例谈一下智能时代广告运作中的大数据思维。

6.你如何理解智能媒体时代的广告科学?

7.你认为智能媒体时代广告学发生了哪些范式上的变化?

第六章 智能媒体语境下的新营销升级

随着媒体的智能化发展及其在中国社会的广泛普及,广告主的营销也进入了数字化、智能化时代。最初,在数字媒体还被称为“新媒体”的年月里,广告主更多地将其置于营销工具的层面进行考量,数字媒体在广告主营销传播活动中充当着精准触达、提升效率的工具角色。但当中国的网民规模接近10亿,电子商务、移动支付、互联网金融、共享单车、网络约车、网上政务、互联网文娱等成为亿万国人的生活常态,数字媒体不断走向智能化时,广告主营销升级的时代已经到来。无论是从规模上,还是从层次上看,以互动互联互通为基本特点的数字媒体已经超越了工具的意涵,成为整个社会的底层架构和操作系统。数字世界和物理世界的边界日益模糊,广告主也逐渐突破线上线下的思维,将商业信息与流程、人、产品与服务作为三个平行的要素进行考量,关注在每一个商业时刻各要素之间的价值交换和创造能力。可以说,数字媒体的智能化发展从市场、技术、竞争等多个层面推动了广告主营销逻辑的底层变革。

第一节　智能媒体:从营销工具到商业增长新基建

一、智能技术赋能数据深度使用

智能媒体语境下,数据的战略地位越来越突出,尤其是对企业来说,数据已经成为其生存与发展的重要资源。虽然大数据技术最早是在广告领域被广泛运用的,但其实,除了广告投放和营销推广,数据还能为广告主提供以此为驱动的洞察,预测未来市场和消费趋势,辅助广告主在产品研发、定价、用户体验、仓储物流等方面进行科学决策。在智能媒体语境下,营销不再仅仅是促销、媒介购买和广告投放,更重要的是在企业内部构建起数字化能力、在各个触点打造以消费者为中心的客户体验。智能媒体时代,数据的丰富性和易得性一方面扩张了广告主的数据认知,打通了外部横向数据和企业内部纵向数据;另一方面,在数据的赋能下,广告主的产业边界有了更大的想象空间，体系化布局成为有实力的广告主开疆拓土的新思路。

随着深度学习、类脑计算、认知计算、区块链、虚拟现实等前沿技术的创新发展，大数据在采集、传输、存储、管理、处理、分析、应用、可视化和安全等方面取得了突破；数据平台之间的合作也加速了大规模异构数据的融合，这都为广告主深度使用数据资源，构建商业信息和流程，以及重塑人、产品和服务三要素之间更加平等的关系提供了技术基础。技术推动下，信息的对称性与透明度提升，商业流程参与主体有了更多自我表达和实现的空间，商业决策的速度和科学性以及流转效率的提升有了更大可能。

二、从智能媒体到立体化数字商业沟通平台

平台级媒体如阿里、腾讯、字节跳动等，在不断走向智能化的同时，也在不断优化自身生态，升级相关营销工具，逐渐发展成为集深度洞察、高效转化、精准投放、效果营销、品牌塑造于一体的数字商业沟通平台。

例如，字节跳动旗下营销服务平台巨量引擎在数据挖掘、投放模型、产品矩阵、营销服务等方面不断积累优势，强化平台在广告主生意场中的角色，助力广告主打造基于智能媒体平台的数字商业沟通版图，并最终实现销售增长。在深度洞察方面，依托字节跳动的多元产品，基于600T+的海量用户群体画像、9大定向维度、1000+人群标签，巨量引擎可以对用户行为特征进行动态分析、深度建模，从而帮助企业准确识别目标人群，达到最佳推广效果，最终实现营销变现的目的；在创意服务方面，巨量引擎拥有包括广告创意制作、投放辅助工具、广告效果优化在内的多款智能工具，可以辅助广告主进行一站式投放，大大提升广告投放效率。除了提供包括视频制作、互动创意制作、落地页制作、图片制作等在内的多元创意工具箱，巨量引擎还开辟专门的创意协作平台，无缝衔接设计师、优化师、客户创意生产流程，实现了企业广告优质高效的内容生产；在产品矩阵方面，不断开发适应媒体环境和用户使用习惯的营销产品，打造了一个种类丰富、组合灵活的营销产品矩阵供广告主选择，既提供如开屏广告、信息流广告、挑战赛话题、企业蓝V认证、DOU+、贴纸、H5定制等形式丰富的营销产品，又提供招商加盟、家居建材、服装服饰、教育培训等行业的解决方案，还拥有巨量星图这样的内容交易服务平台，能够满足广告主应用推广、门店推广、账号推广、电商店铺推广、商品推广等差异化的营销诉求；在营销服务方面，以用户为原点，以广告主需求为旨归，

除了从视觉化、感官化、交互化、直效化等维度全面升级广告产品，巨量引擎还通过多场景、精准化用户投放，实现广告数据沉淀，再用数据反哺广告产品升级，形成多连接营销闭环，激发广告主的商业增长势能。

显然，在智能化营销服务平台的加持下，平台级媒体已经不是单纯的第三方，而变成了广告主获客闭环的一部分，是广告主商业增长的新基建。广告主在平台级媒体上不再单纯依赖媒介获得流量，而是希望借助平台，强化品牌和用户之间多样的应用场景连接，打通企业营销全链路，持续推动商业的可持续增长。

第二节　MarTech：智能新营销的助推器

MarTech 指的是 Marketing + Technology，是营销数字化的技术部分。艾瑞咨询在 2021 年发布的研究报告中概括了 MarTech 的五大应用场景，包括数据和策略、内容和创意、广告投放、渠道运营和转化、客户和流程管理，并认为这五大场景相互赋能，有效串联起需求方数据分析及管理、营销策略制定、获客、销售转化、客户运营、营销效果分析等营销需求的完整实现链路。[①] MarTech 的发展可以帮助广告主更好地利用智媒时代的海量数据，从注意、兴趣、搜索、购买、分享各环节对消费者产生影响，最终提高营销效率。可以说，MarTech 对营销的影响是全链路的，它嵌入在消费者洞察、产品生产、内容生产与分发、用户数据沉淀等与营销有关的每一个可能的场景，使得营销逐渐走向智能化、泛在化、即时化（如图 6-1）。

Martech 助力了营销的智能化发展，极大地促进了生产力的提升，将人从重复的低级劳动中解放出来。在内容生产环节，虽然像 IBM 的人工智能机器人沃森为雷克萨斯写广告剧本这样的例子还在少数，但 AI 智能文案、海报设计等的应用已经十分普遍。2018 年戛纳创意节，阿里妈妈发布了“AI 智能文案”产品，一秒可以生成 20,000 条文案。不仅在速度上远远超出了当前的人工文案生产水平，在质量上也达到了较高水准。同年，京东也上线了人工智能文案创作系统“莎士比亚”，助力商家进行商品详情描述工作，提升效率。也就是说，我们在电商平台看到的很多文案、海报，甚至店铺装修都是人工智能自动生成的。内容投放环节的智能化趋势更为明显。根据

---

① 2021 年中国 MarTech 市场研究报告[EB/OL].(2021-07-02)[2021-10-01].http://www.199it.com/archives/1271048.html.

图 6-1　2021 年中国 MarTech 市场场景分布简要图谱

eMarketer 的报告,2019 年国内程序化展示广告增长为 29.3%,总体市场规模达到 2,074.3 亿元人民币。71%的展示广告都实现了程序化交易。此外,借助大数据和人工智能技术,企业还可以实现对内容的环境进行自动化监测,帮助企业及时应对与内容相关的危机。比如,IBM 的人工智能机器人沃森能够找出社交网络上的负面消息,并提供个性化的解决方案。这对于及时发现异常,预测并防范与企业相关的危机事件,营造一个良好营销环境意义重大。

智能技术的发展加速了营销的泛在化趋势。博报堂在 1981 年首次提出了“生活者”的理念,不单单把人作为“消费者”,而且还作为“生活者”来看待,全面理解其生活的内容。伴随“生活者”这一概念而来的,其实是营销机会的泛在化。对于“消费者”,我们可能更注重向其销售产品,而这种固有交易关系下的思维模式往往会限制企业营销的想象力。而如果企业将对用户的认知转化为“生活者”,就会发现围绕着“生活者”的一切媒介形式、一切渠道形式都可以成为营销与用户的接触点。营销形式的泛在化、营销场景的泛在化和营销载体的泛在化,都为营销带来了更多想象的空间。但在传统媒体时代,这更多停留在想象的层面,毕竟营销者很难打通和关联“生活者”不同场景下的数据,因此也就难以把握有效的营销机会。智媒时代则不同,MarTech 助力“生活者”行为数据的实时上传,为营销行动的泛在化响应提供了前提,不管是线上的内容消费时刻,还是线下的生活时刻,“生活者”的需求较之以往都变得更易被捕捉和预测,而如何使品牌与内容、场景无缝对接,线上与线下相互配合才是营销能否提效的关键。

营销的即时化,就是要创造与用户即时需求相契合的实时内容,并将它传递出去,保持与用户的互动、沟通,为用户提供即时的解决方案。在消费者生活节奏不断加快的情况,营销的即时化实际上是对消费者最紧急需求的回应。抓住了即时,就抓住了主要矛盾,是营销成功的关键。智能媒体时代,消费者的很多需求是被临时激发出来的,又会转瞬即逝的,如果不能第一时间为用户提供能够满足其需求的解决方案,可能就会永久错失机会。有人在用户注意力集中于移动互联网的年代,提出了“注意—购买”AIAFF 模型(Attention 引起注意—Interest 引起兴趣—Action 购买行动—Forward 转发分享—Forget 快速遗忘)。Forget(快速遗忘)意味着用户注意力不断地在爆款内容、热点事件和刷屏视频中切换,导致他们的需求也极易出现迁移。因此,理想的营销状态表现为向用户推荐场景化的即时内容、产品或服务。

第三节　场景营销:人货场的智能匹配

所谓场景营销,就是利用随时可能出现在消费者身边的媒体或其他服务,根据消费者所处的时间、地点、场合的不同,及时提供信息、产品或服务来满足不同消费者的具体需求。用一句话来说就是,正确的时间、正确的地点给正确的人一个正确的内容。这在传统的营销环境下是很难做到的。但在智能媒体时代,消费者的需求可以被数据极为精细地反映出来,在“人找信息”的时候为其匹配相应的内容就容易了很多。而且,借助智能技术,场景营销不仅仅能够实现对消费者的即时触达,还能够捕捉用户的真实需求、触发用户的潜在情感,进而与之产生情感共鸣。以星巴克为例,瞄准用户的社交场景需求,推出“用星说”微信卡券,微信用户可以通过“用星说”这个社交礼品平台送朋友一杯咖啡,对方凭收到的微信卡券,就可以在门店扫码得到咖啡。伴随着一杯咖啡或一张星礼卡,用户不仅可以在线写下祝福,同时也能在送礼的同时附上一张有回忆的照片或视频。不难发现,星巴克正在满足数字化时代不断变化的顾客需求,通过“用星说”为消费者传递他们线上线下不受限的情感连接,并希望借此鼓励每个人,在每时每刻都能以一个简单的小行动,对在乎的人用心说出自己的真情实意,传递心意。

另外,随着技术的发展,场景营销有了更多想象空间。LBS、i-beacon 等技术能够帮助品牌实现信息的精准送达,VR/AR 等技术则可以为消费者带来沉浸式体验,技术赋能下的场景营销更加符合消费者的期待。北京现代在场景营销中利用 Wi-Fi 感知技术获取门店到访的客流数据、投放智能电子屏,根据实时客流人群分析、天气及时间段,制定个性化悦动品牌广告推荐策略,并通过电子屏 AR 红包,吸引目标人群手机扫一扫,点击获取到店购车抵用券。然后将获取到的两部分线下客流信息进行 ID Mapping,最后圈定目标人群进行手机消息推送,实现精准触达。

第四节　内容营销:为品牌塑造一个“有趣的灵魂”

在这样一个品牌泛化的时代,有个性、有态度的品牌尤为稀缺,正所谓“好看的皮囊千篇一律,有趣的灵魂万里挑一”。打造并传递一个既有趣又有灵魂的品牌形象可以让用户对品牌的魅力产生信任与爱,从而真正建立起与用户之间的“友情”,这也是打造品牌社交能力的基础。比如,中国银联的诗歌 POS 机公益项目,用户使用云闪付 App、银联手机闪付、银联二维码或银联卡在银联诗歌 POS 机上捐赠一元钱,就能收获一张印刷着山区孩子诗歌的精美 POS 单。通过创新公益形式,既达到发现山区孩子才华的公益目标,也塑造了一个践行社会责任、有情怀、有质感、有担当的温暖的品牌形象。

长期以来,内容营销往往和“蹭热点”产生强关联,比如杜蕾斯的内容营销常常就是卡着热点事件的节奏来。这种思路在数字媒体还没那么如日中天的时候似乎还能够奏效,但时至今日,缺乏战略布局的内容营销往往会让人眼花缭乱但又平淡无奇,在品牌扎堆的数字媒体上,品牌要想脱颖而出难上加难。广告主也意识到了这种局面的被动性,内容营销也出现了战略化转向。

一部分广告主已经开始从对热点事件的关注中抽身出来,更加注重通过战略化的内容布局打造一个有内涵的品牌形象。比如海尔通过 6 个精心打造的视频,打破固有的“和睦欢喜家庭”形象标签,用年轻人能够心领神会的姿态,甚至是直观感受上略带忧伤的色调和情绪去展现一系列“这就是家”的视觉场景。海尔洞察到“家”的变化,家不等于三口之家,同居情侣、单身铲屎官、单亲家庭都是家的不同形态。而在不同的家的场景之中,海尔家电也可以拥有不同的“功能”:空调可以用来平复情绪,热水器可以用来宣泄悲伤,冰箱可以用来储存美丽……加上了情感滤镜的海尔一反过去家电品牌的实用感和冰冷感,令用户能够在很大程度上产生共情。较之那些短平快的内容营销方式,这种经过深入洞察的数字化创意方案更能直击心灵、彰显意义、引领价值观。

第五节 后链路:营销新空间

"后链路"也是在智能媒体语境下出现的一个新热词,"后链路营销"成为智能媒体环境下广告主营销的重要组成部分。一般意义上的营销是从广告开始的,也就是要在"知晓—兴趣—欲望—行动"这四个环节中的前三个做到对用户的触达,后链路营销则是从用户点击广告之后,即广告转变为流量时开始。传统营销链路里,更强调在营销前端对用户的触达,如今,在智能媒体的加持下,广告主可以通过技术、数据,加深对用户行为的理解、预判,同时也可以反向筛选用户,让企业呈现的信息是消费者有兴趣且所需要的。在这个趋势下,后链路营销变得越来越重要。

数字化营销与运营方面的专家宋星把后链路营销分成几个重要的部分:点击广告之后,进入落地页及其后的环节;消费者转化说服;消费者离开之后的唤回或激活;消费者持续购买及与忠诚计划相关的营销;客户再营销;客户裂变等。随着流量红利见顶,持续的拉新变得成本高昂且效率低下,因此消费者的唤回、激活、复购、忠诚管理、再营销以及裂变增值变得尤为重要,这也是为什么越来越多广告主将后链路营销作为营销活动新重点的原因。另外,广告主可以应用的消费者触点平台增多,以及数据和营销相关技术的进步也是后链路营销兴起的重要基础。

后链路营销跟私域运营的概念有点类似,本质上都是通过对用户数据的管理,识别不同的客户生命周期特点,充分挖掘每一个客户的价值,降本增效,提升企业的竞争力。但目前来看,不同企业的后链路营销能力参差不齐,因此,在后链路营销生态中主要有三类主体:一类是平台级媒体,比如,阿里、腾讯、字节跳动、百度等都建设了自己的营销后链路服务体系。这些体系的共同点,就是让那些将营销后链路也建立在这些媒体内部的广告主,能够有平台去完成自己的后链路营销,也有工具能够管理他们的后链路营销。这些媒体工具分为两类,一类是给广告主用的消费者触点平台,比如微信、支付宝和百度等做的小程序、服务号、蓝 V 之类的"私域网站";一类是管理工具,如阿里的"多乘单"、腾讯的企业微信、字节跳动的线索通、飞鱼的 CRM、百度的爱番番

CRM 等。虽然各个平台级媒体的生态边界不断拓展,用户的数据也更加立体和丰富,但平台之间的数据竖井始终是限制营销工具发挥作用的最大障碍。另一类是广告主,很多广告主开始通过建网站、小程序、App 等的方式搭建自己的消费者触点网络并进行数据的积累和沉淀,不过由于受制于能力和资金,大部分中小企业要借助一些专业的工具如 CDP(用户数据管理平台)等实现对后链路营销相关策略的制定、管理和执行,这就催生出了第三类重要的主体——第三方后链路营销工具。当前,很多"营销云""营销操作系统"的公司,实际上主要做的就是后链路营销的解决方案。

在后链路营销时代,重要的是要让点击成为线索,让交互转化成交易,在这个过程中,内容直连、消费者直连、服务直连三个能力至关重要。

内容是品牌与用户沟通的神经元,不同场景下的内容对用户的影响也大不相同,让内容与用户更默契、让用户不被内容所打扰,这才是内容直连的真正意义。消费者直连就是要打破媒体与交易壁垒,缩短消费决策路径。一般而言,通过场景转化,品牌才能建立与消费者的链接,但每一次场景转化都会有相应的折损,消费者在消费的过程中,决策路径越长,折损就会越多,因此如何减少从媒体到交易的场景切换、缩短决策路径就成为促成高效转化的关键。必须承认的一个事实是,营销转化永远是少数,未转化的依旧是多数。对未转化的大多数消费者,要从关系沉淀的角度进行价值挖掘,用服务承接交易,不仅在后链路进行提效,还要从品牌长效增长的角度进行考量。

第六节 结语

营销的本质是了解消费者心理,影响消费者行为。智能媒体语境下,营销的本质没换,但消费者变了,消费决策链路不再是线性的,而是变为一个蜿蜒曲折的过程,新的营销触点随时可能发生。因此,智能媒体语境下的新营销应该实现千人千面、满足千时千愿。不管是 MarTech 的发展、场景营销中人货场的智能匹配,还是内容营销中的长效化考量,抑或是后链路营销的崛起,本质上都是智能媒体的发展给营销带来的新面貌和新可能。当然,处在转型升级期的营销方法论也存在诸多价值、伦理方面的问题。

首先,精准营销的边界在哪?大数据算法、人工智能等技术的成熟运用,让用户画像越来越清晰,千人千面的广告信息呈现方式已经成为现实。广告主的营销方式已经由以媒介为中心的广泛撒网时代迈入以消费者为中心的精准捕捞时代。精准营销成为数字商业时代的一个高频词语,是众多广告主追求高效沟通的必备利器。然而在喧嚣的表象背后,我们更应该把握精准营销的本质,探讨当下精准营销的边界到底在哪里。目前精准营销的操作方式大多是将用户数据输入市场营销模型,得出评分结果,预判人群对产品接受的概率,如获取新用户、交叉销售、挽留用户等,进而通过邮件、电话、社交媒体等,对圈定的用户精准投放,降低投放成本。这其中有以下几个问题值得思考:第一,用户数据是动态变化的,过于精准的营销方式未必获得相应回报。用户是无时无刻不在发生变化的个体,如果仅仅凭借过往数据利用算法将有效信息推送给部分人群,往往会缩小影响力范围。因为某种程度上精准会牺牲掉活跃用户,当你的目标定位越来越小,真正触达的人也会越来越少。如此一来,精准营销所耗费的成本未必比传统的广撒网广告低,营销效率会大打折扣。第二,算法模型对消费者心理的把握程度有待考证,精准投放与垃圾信息之间仅一步之遥。目前市场上所谓的精准营销并无法保证完全匹配到真实的个体,而是一些以 ID 为中心的统计学平均值,其实谈不上真正的精准投放,反而由于算法推荐的行为定向广告的滞后性,变成用户避之不及的“垃圾信息”。比如一些购物网站“猜你喜欢”等个性化协同推荐定向广告,往往发生在用户购买行为之后,并不能真正为消费者提供有价值的营销信息,反而对用户购物体验造成一种干扰,引起用户反感致使用户流失。追求精准无可厚非,但用力过猛往往适得其反,把握好精准的边界,方能够不陷入大数据的迷局。

这真是一个数据决策的时代?正如麦肯锡所言,数据已经渗透到当今每一个行业和业务职能领域中,成为重要的生产因素。人们对于海量数据的挖掘和运用,预示着新一波生产率增长和消费者盈余浪潮的到来。在大数据时代,人人言必大数据,“唯数据至上论”甚嚣尘上。的确,这个时代数据的生成、清洗、整理、存储、计算已经不是最大的瓶颈,但这真的是一个数据决策的时代吗?其实未必。决策的关键不在于数据的量,而在于如何从海量关联中找出适应时间、地点和心灵需求的场景应用,这一点,单凭数据是做不到的。因此,广告主在意识到数据重要性的同时也需要警惕数据依赖症,防止用数据代替思考、用数据代替洞察,造成不可挽回的决策失误。

纳西姆·尼古拉斯·塔勒布在《黑天鹅》中曾说:“你不知道的事情比你知道的事情更重要。”代表了用户过去行为的大数据在延续以往趋势的分析方面具有优势,但要取得创新性突破似乎有些无能为力。因此,千万不要被抽象的数据迷惑,用户是真实的,不是流量里的一个数字;口碑是真实的,不是微博里的一个热度。

重要术语

MarTech　场景营销　内容营销　后链路　生活者　AIAFF 模型　私域运营　用户数据管理平台　LBS

思考题

1.如何理解智能媒体是商业增长的新基建?

2.请结合实际案例,阐述 MarTech 在营销中发挥的作用?

3.智能媒体语境下,我们该如何理解场景营销?

4.智能媒体时代,内容营销有何重要意义?

5.后链路营销发展的基础有哪些? 未来有哪些可能的方向?

6.智能媒体语境下的营销升级体现在哪些方面?

7.处在转型升级期的营销方法论存在哪些价值、伦理方面的问题?

第七章 智能媒体语境下的内容生产与分发

无论是在传统媒体时代,还是移动互联网时代,抑或是已经拉开帷幕的物联网、视联网时代,内容生产始终是媒体的核心主业。过去,内容生产被视为一种创造性工作,是媒体人专业和智慧的集中体现;而在智能媒体语境下,人工智能已经逐渐渗透到内容生产的全流程,图文、视频、音频等各种形态的内容都可以由人工智能捕捉、编辑、制作、发布,内容生产中的工业化逻辑更加凸显。一个不争的事实是,内容生产正全面走向智能化,传统的内容生产机制面临智能技术的重构,人机关系则成为内容生产中的一个新的恒久话题。

第一节　内容生产的智能化

一、AI 是内容生产智能化的基石

人工智能(AI)包括智能体、机器学习与数据挖掘、语义网络、认知信息技术等非常丰富的内容①,其核心是算法。AI 技术的广泛应用和嵌入式发展催生了各类智能媒体,内容生产也走向了智能化转型的道路。内容生产智能化主要体现在"算法自动生成内容",即 AGC(Algorithmic Generated Content)方面,也即智能媒体能够基于数据分析和学习,通过一定算法,实现内容生产的自动化。自动化内容的生产流程可以归纳为:在海量数据源中识别相关数据,并对数据进行清理、分类、排序、比较和汇总等操作,以语义结构组织叙事,生成不同风格、语言和语法水平的文本或视觉内容。毫无疑问,在这一过程中,AI 是内容生产智能化的关键支撑。

随着技术的迭代,各种形态的媒体内容如视频、图像、声音、文字等都可以实现数据化,这也就意味着行业数据呈现几何倍数的增长,我们已经进入了真正的大数据时代。因此,大数据成为内容生产智能化的一个基本面,而如何对大规模、无规则数据进

① 陈昌凤,石泽.价值嵌入与算法思维:智能时代如何做新闻[J].新闻与写作,2021(1):54-59.

行处理,如何挖掘和利用海量数据则成为制约内容生产智能化发展的关键。换言之,我们需要将更多注意力放在机器学习和数据挖掘等算法层面,从而促进数据资源的有效利用。

内容生产智能化中的另一个关键技术是自然语言生成技术,即 NLG(Neural Language Generation)。所谓 NLG 主要指将输入数据转换为输出文本的过程,大致包括内容确定(content determination)—文本结构(text structuring)—句子聚合(sentence aggregation)—词汇化(lexicalisation)—引用表达式生成(referring expression generation)—语言实现(linguistic realisation)等环节。通过将结构良好的数据放置在精心配置的模板中,NLG 可以自动输出并提供可记录的数据形式,例如分析报告、产品描述等。最初的 NLG 系统只能生成比较简单且没有多少变化的文本,但近年来随着计算机语言识别技术的快速发展,NLG 系统能够生成各种各样的文本。① 将原始数据转换成可理解的自然语言,是内容生产智能化过程中至关重要的一步。

二、内容生产全流程的智能化重构

伴随 AI 技术在媒体行业的深度嵌入式发展,内容生产全流程都被智能化重构。从选题策划到信息采集、加工,再到效果反馈和内容优化,内容生产的各个环节都已经在大数据的加持下走向了自动化、智能化、个性化和实时化。

(一)内容策划:精确制导

人工智能参与选题策划主要是以智能化工具或机器人的形式实现。在新闻选题领域有学者提出了"计算性新闻发现"(computational news discovery)的概念来指代"在出版之前使用算法将编辑注意力定向到潜在的有新闻价值的事件或信息"②上的智能化选题过程。海量数据是智能化选题的源泉,借助智能化数据分析工具,内容生产者可以预测选题热度、探索热门选题的新角度等。在数据的加持下,智能化选题就好比一种"读心术",预测到了用户想要的内容,因此在一开始就是按照用户的需求在烹饪一盘内容大餐,精确制导的优势十分突出。广告传播领域的选题同样如此,如何预埋关键词、如何为内容打标签等都可以在数据和算法的赋能下进行效果预测,从而

① 李红秀.机器人写作:AI 应用的技术反思[J].秘书,2018(6):3-9.

② 张梦,陈昌凤.智媒研究综述:人工智能在新闻业中的应用及其伦理反思[J].全球传媒学刊,2021,8(1):63-92.

帮助决策人员选择更具传播价值的选题方案。

（二）信息采集：万物皆媒

以往的信息采集活动，完全依靠人的力量，“好新闻是跑出来的”这句行业箴言也印证了人在新闻信息采集过程中的重要作用。而今天，在 AI 技术的支持下，机器已经可以自动捕捉抓取各领域数据，为机器自动写作和创意生成提供数据。彭兰教授总结了信息采集方面的一些新亮点，包括基于物联网传感器的信息采集与应用、语音数据的采集与文字化转化、多语言数据采集与实时翻译、社交机器人采访、新闻现场要素的自动判断与识别以及信息自动筛选与审核等。① 在她看来，这些自动信息采集技术，扩张了人的能力边界的同时，也考验着人对信息的辨别与提炼能力。的确，随着物联网传感器的逐渐普及，AI 可以实现全天候、全方位的社会环境信息及用户需求信息的采集。比如可穿戴智能设备、智能家居等都可以被视为一种传感器，用来记录和收集用户的相关需求信息，从而实现精准的需求预判及信息推送，给用户生活带来极大便利；来自物联网传感器的数据、新闻现场要素的自动识别等也可以为新闻发展趋势、新闻现场人物、环境特征等关键要素的判断提供依据。

（三）内容加工：质效双升

智能化内容加工在生产效率方面的优势已经显现。新闻领域如腾讯的 Dreamwriter、今日头条的“张小明”、新华社的“快笔小新”、封面传媒的“小封”、第一财经的 DT 稿王等智能写作软件已经进入常态化使用，稿件生成的速度已经达到秒级，目前在其广泛适用的体育、财经、某些类别的突发事件等领域，其准确率也非常乐观。广告创意领域的内容加工智能化也在大步向前。可以说，随着智能音视频处理、智能筛选、智能纠错、智能排版等技术的不断成熟，媒体人正逐渐从单调、重复的劳动中解放出来，这是我们乐见其成的。因为只有摆脱了纯技术性的工作，媒体人才能有更多精力投身到更具创造性和挑战性的工作中，走向更加专业化的发展道路。

（四）反馈和优化：即时精准

得益于智能媒体在交互性方面能即时且实时地发挥功效这一优势，媒体的反馈和优化可以无缝衔接，并且能够实现即时化和精准化。尤其是基于传感器的生理信息反馈，在一定程度上可以修正过去用户调查中出现的主观偏差；同时，人手一部甚至几部

① 彭兰.智能时代的新内容革命[J].国际新闻界，2018，40(6)：88-109.

的移动智能设备、随身的可穿戴设备等,也实现了用户反馈的个体化,也就是说,我们得到的反馈信息是基于每一个用户的,因而其精确度较以往上升了一个层级,这也为个性化内容服务提供了全新的参照维度和可能。即时精准的反馈带来的最具革命意义的结果是,AI 可以在接收到反馈的即刻就进行相应的内容优化,也就是说,反馈可以为内容生产随时提供优化依据,优化也不是事后的反馈与调整,而是可以伴随内容生产全过程。①

三、智能化内容生产的应用

智能化内容生产的应用较为集中地体现在新闻领域的机器人新闻报道和广告领域的程序化创意两个方面。

(一)机器人新闻报道

机器人新闻报道是在智能化内容生产中应用较广、较成熟的领域。所谓机器新闻写作是一种自然语言生成引擎,利用算法程序,通过采集大量的题材及高质量的数据,建立各种分类的庞大数据库,借助人工智能实现从数据到认识、见解和建议的提升和跨越,最后由机器自动生产新闻。② 在这一过程中,事先设计好的算法程序至关重要,是将数据转化为新闻内容、机器自动写稿、编辑签发等流程的基础。机器人新闻报道不仅可以利用结构化数据生成稿件,还可以通过挖掘用户数据生成个性化稿件。

早在 2006 年,美国汤姆森公司就开始运用机器人撰写经济和金融方面的新闻稿件③;2014 年,美联社就已经开始使用 Automated Insights 公司的 wordsmith 软件撰写每个季度的公司财经分析。该软件可以挖掘公司财务报告,总结其中的关键要素,然后生成陈述,每秒钟最多可以生产出 2, 000 篇此类新闻,发稿量是人工报道的 13 倍,而且由于是对财务报告的直接分析,出错率非常低。中国本土对智能化内容生产的尝试也在大步向前。2015 年 9 月,腾讯财经发表了第一篇由自动化新闻写作机器人 Dreamwriter 署名的文章《8 月 CPI 涨 2.0% 创 12 个月新高》;同年 11 月,新华社也推出了自己的写作机器人——“快笔小新”,输入股票代码,它 3 秒钟就能完成一篇财报分

① 彭兰.智能时代的新内容革命[J].国际新闻界,2018,40(6):88-109.

② 喻国明.“机器新闻写作”时代传媒发展的新格局[J].中国报业,2015(12):22-23.

③ 孙振虎,张馨亚.机器人新闻的发展与反思[J].电视研究,2016(6):64-66.

析;2016 年里约奥运会期间,今日头条推出了新闻机器人“张小明”。作为第二代新闻机器人,“张小明”除了生成赛事新闻报道,还能智能检索并选择图片,根据比赛结果模仿人类语气等,里约奥运会期间“张小明”机器人已经写了四百多篇稿子,它在综合运用自然语言处理、视觉图形处理、机器学习技术基础上已经能够写出赛事的长篇通讯;2017 年 1 月,《南方都市报》推出的南都机器人“小南”一秒即可完成春运稿件的写作[①];同年 4 月,全球首个机器人记者——中国智能机器人佳佳诞生,并越洋采访了美国著名科技观察家凯文·凯利(Kevin Kelly)。

机器人新闻的这些尝试,展示了智能化内容生产令人激动的未来。随着传感器、智能硬件和物联网的发展,可供机器人进行新闻写作的数据源越来越多,机器人新闻报道的疆界将被拓宽。机器人视觉、图像视频等技术也为新闻摄影的未来带来了其他可能。多种智能技术可以捕获高质量的音频、视频,这种技术同样可以获取新闻事件的照片和视频,甚至通过无人机等设备进行直播,从而实现多种媒介展现方式的融合。[②] 以 2017 年 12 月 26 日,中国第一个媒体人工智能平台“媒体大脑”生产的首条 MGC(机器产生内容)视频新闻为例,“媒体大脑”仅耗时 10.3 秒,就生产出了一条 2 分 08 秒的视频新闻。其生产过程是:首先通过摄像头、传感器、无人机等获取新的视频、数据信息,然后经由图像识别、视频识别等技术让机器进行内容理解和新闻价值判断。依托于大数据的“媒体大脑”会将新理解的内容与已有数据进行关联,对语义进行检索和重排,以智能生产新闻稿件。同时,人工智能还将基于文字稿件和采集的多媒体素材,经过视频编辑、语音合成、数据可视化等一系列过程,最终生成一条富媒体新闻。[③] 在 2018 年的两会报道中,“媒体大脑”对比五年来政府工作报告的信息,在海量网页中梳理出舆论热点,仅 15 秒就生产出了一条视频新闻。2020 年江西发生了重大洪涝灾害,“媒体大脑”的洪涝机器人支援江西洪水报道,制作出“洪涝机器人视频”系列,采用 AI 技术,在全网抓取有关洪涝的图片、视频素材,全面反映洪涝灾害现场。

(二)程序化创意

所谓程序化创意,就是利用大数据和算法模型,实现广告创意中内容生产的自动化和智能化,并通过实时的反馈结果动态调整广告投放素材。程序化创意概念在

① 白龙.机器写作的新突破及思考:以南方都市报写作机器人“小南”为例[J].青年记者,2017(10 月中):94-95.

② 沈浩,元方.智能化媒体与未来[J].新闻战线,2018(1):55-58.

③ 新华社发布国内首条 MGC 视频新闻,媒体大脑来了![EB/OL].(2017-12-26)[2021-06-12].https://www.sohu.com/a/212899533_267106.

2012 年前后引入中国，随后，头部媒体端 DSP、第三方机构纷纷入局。2016 年之后，随着创意资产管理、协同作业等数字化需求在降本增效的背景下越发迫切，程序化创意领域也迎来巨大机遇。

当然，对品牌商而言，随着内容平台越发多样化、受众媒介接触习惯愈加碎片化，以及注意力的转瞬即逝，过去那种“一条广告片加一个主视觉”的内容包打天下的时代已经一去不复返。如何高效地批量生产个性化、多版本的创意以服务于营销需求，就成为品牌商、营销机构和媒体平台等面临的一个现实问题。另外，当品牌商要面向特定场景下的特定用户分发特定的内容时，就意味着我们必须进行实时化的内容创作才能满足这一需求。而要做到千人千面，就不只是生产十条、百条内容那么简单，而是动辄成千上万甚至几十万、几百万条内容。这就不是人工团队的力量所能企及的了。程序化创意则可通过预先设定的算法和流程，快速产出成千上万个细分版本的广告群组，解决品牌商或营销机构对于作品尺寸裂变、版本裂变等批量制作以及素材云管理的需求痛点，并在投放过程中智能决策、优化创意组合。随着各类电商平台的发展，大量的中小企业主也产生了海量的广告创意设计需求以适应平台上的各类分发，但囿于资金和能力，这一块还是严重的短板。程序化创意中较为初级的一键创意、一键视频等服务，则可以在资金预算有限的情况下帮助大量中小企业主解决其创意设计能力不足的问题。目前，程序化创意在文案、图片、海报设计方面都大放异彩。阿里巴巴的人工智能设计师鲁班（现在改名为“鹿班设计”）在 2017 年“双 11”为用户量身定制了 4 亿张千人千面的海报。而京东“双 11”期间，消费者看到的 50%的广告物料也是机器自动生成的，并通过基于大数据的智能匹配，准确定位消费者需求，即时为其推送所需产品。

程序化创意不仅仅是简单的内容生产，它更诱人的地方在于可以根据反馈结果对创意进行实时优化，从而达成高效转化，也就是动态创意管理。传统的创意流程是消费者洞察推动的，投放基本就意味着创意生产的结束。程序化创意则颠覆了过去创意伴随投放结束的逻辑，投放也被纳入创意的过程当中，并在投放中完成创意的迭代更新。因此，可以说，程序化创意不仅仅是创意执行的技术化，它还是对创意流程的重构。不过，当每天要产出成千上万条素材时，广告就不再是艺术品，而成了快消品。当创意这一人类智慧的闪光也可以被量化、被计算时，人们不得不怀疑智慧的价值。关于智能化内容生产与人类智慧之间的关系本书在后文会展开讨论。

第二节 内容分发的个性化

一、千人千面:信息内容的智能分发

在大众媒体时代,内容的制作和发布是通过媒体机构完成的,信息素材由人工编辑处理后,再由媒体自有的发行或播出渠道进行发布。因此,传统的内容分发往往更多地关注内容本身,而不是用户的个性化需求。然而,当我们迈入移动互联网时代,信息超载、多样选择、碎片化的时间等现象扑面而来,这就决定了用户在短时间内如果不能找到感兴趣的内容就会很快离开,内容本身已不再是影响传播的最关键因素,用户成为理所当然的核心。为了增强用户黏性,扩大用户数量,准确洞察受众兴趣、匹配用户习惯的个性化内容发布成为各媒体竞相努力的方向,智能算法推荐应运而生。

所谓智能算法推荐,就是在合适的时机把合适的内容推给合适的人,也就是要利用算法向用户快速、精准地推荐其感兴趣的内容,同时发现更多优质的长尾内容,实现针对个体的个性化分发。这一技术的重要意义在于,将此前基于人工的“人找信息”转变成基于算法的“信息找人”,既极大解放了人力,又高效地完成了人和信息的匹配,实现了信息分发的千人千面。咨询公司 Monetate 发现,个性化的价值随着每次体验而增加。换句话说,用户看到的个性化内容越多,他们的参与度就越高。Monetate 发现,观看了三页个性化内容的用户是普通用户转化率的两倍。也就是用户的参与度与他们看到的个性化内容数量成正比。

智能算法推荐大致可以分为两大类:基于内容的智能推荐、基于协同过滤的智能推荐。基于内容的智能推荐是一种最传统的智能推荐算法,也就是根据用户历史喜欢的内容为其推荐相似的内容。比如,你曾经浏览过篮球比赛的内容,那么算法就会在此推荐给你与篮球赛事相关的其他内容。这种算法虽然可以推荐用户历史感兴趣的内容,但却难以挖掘用户的潜在喜好。基于协同过滤的智能推荐又可以细化为基于内容的协同过滤和基于用户的协同过滤。基于内容的协同过滤主要考虑内容之间的相似度,将与用户喜好内容相似度高的内容推荐给用户;基于用户的协同过滤则主要考

虑用户之间的相似度,将相似用户喜欢的内容进行相互推荐。这种算法能够有效使用其他相似用户的反馈信息,加快个性化学习的速度,同时可以发现用户潜在的但自己尚未发现的兴趣偏好。此外,还有一些方法通过加权、串联和混杂等来集成上述算法。与传统的人工推荐相比,智能算法推荐效率更高,个性化程度也实现了质的提升,真正解决了信息分发千人千面的问题。

二、内容智能分发的应用

智能算法推荐的逻辑,就是利用人工智能技术,将包括图文、视像、音频甚至是直播、问答等不同形式的内容,通过算法推荐系统对用户的特定需求进行精准匹配并推荐,从而真正实现以用户需要为核心的智能分发。其中,用户画像、内容画像和分发模式是智能算法推荐得以实现的三个重要因素。

用户画像是根据用户的基本属性、兴趣偏好、生活习惯、内容消费行为等信息抽象出来的标签化用户模型,是建立在大量数据基础之上的人物角色(personas),侧重于探索的是用户想要做什么,即用户动机是什么。生活环境、智能设备环境、用户信息和用户内容消费行为等是生成用户画像的主要考量因素,也就是说,用户画像是了解用户特征与特定需求的基本入口,高精度的用户画像可以为个性化内容的精准匹配提供必要的支撑。

内容画像是对内容本身的分析,其实在大众媒体时代,编辑就对内容进行了画像,比如要区分消息、特稿、评论、典型报道、综合报道等类型的内容。只不过在智能媒体环境下,我们对于内容的画像更加复杂,它不再单指类型或题材,更指向内容中的具体信息以及内容的质量。这对机器算法是一种考验,毕竟人工编辑可以从选题、采访、写作等方面去衡量内容的质量,但机器算法只能依靠数据,例如点击、分享、收藏、用户停留时长等进行判断,这种衡量尺度难免会出现误差。①

分发方式,即实现用户画像和内容画像相匹配的过程,可以保证用户在最短的时间内接收到最感兴趣的信息内容。目前来看,智能分发主要有以下几种方式:搜索分发、算法分发、社交分发等。搜索分发最大的特征是“人找信息”,每一次分发都是由用户发起的,其背后是实实在在的用户需求。因此,搜索分发的流量是最精准、最有价

① 王禹洁.颠覆与重塑:移动互联时代内容分发与消费的变革[J].视听,2021(1):2.

值的。算法分发是根据用户的画像，利用个性化推荐技术，把信息推送给用户。现在基本上所有的移动端资讯类App都是基于算法，把适合你的信息推送给你。这是一种典型的"信息找人"的分发方式，用户画像的精准性决定了算法分发的效率。社交分发是一种基于社交关系链进行的流量分发模式，其核心逻辑是根据社交关系进行推荐。比如，系统根据你的好友看什么内容，或者喜欢什么内容，来向你推荐相关的内容。每一种分发方式都有其自己的特点，在向用户进行内容分发时，很多时候都不是单一的推荐机制，例如视频号就是社交分发和算法分发相结合，以社交分发为主。而有一些内容不能单纯依靠算法推荐，这时就需要人工审核和干预，例如涉及价值观的内容，人工分发在此时具有重要的意义。

智能算法推荐运用算法准确分析用户兴趣，为用户提供个性化的内容产品，为媒体抓住用户的心提供了极大支持，也帮助用户更加方便、精准地获取信息，因此得到了广泛应用。据不完全统计，当前基于算法的个性化内容推送已占整个互联网信息内容分发的70%左右。[①] 从2012年起，互联网平台今日头条在业内较早将算法推荐系统应用到资讯领域中，实现了系统的自动学习推荐。今日头条推荐系统综合考量内容特征、用户特征、环境特征等因素进行决策。例如，环境特征包括上班期间、上班路上、下班休息等不同场景下用户的兴趣偏好信息。而短视频平台则有自己的一套分发逻辑。以抖音为例，抖音的流量分发类似于一个漏斗模型，大致分三个步骤：第一，冷启动流量池曝光。假设每天在抖音上有2,000万人上传短视频，抖音会随机给每个短视频分配一个平均曝光量的冷启动流量池。比如，每个短视频通过审核发出后，平均有1,000次曝光。第二，数据挑选。抖音会从这2,000万个短视频的1,000次曝光中，分析点赞、关注、评论、转发等各个维度的数据，从中再挑出各项指标超过10%的视频，每条再平均分配10万次曝光，然后将点赞、关注、转发、评论超过10%的作品推荐到下一轮更大的流量池。第三，精品推荐池。通过层层筛选验证，筛选出来的点赞率、播放完成率、评论互动率等指标都极高的短视频才有机会进入精品推荐池，用户打开时，看到的那些动辄几十上百万点赞量的视频就是这么来的。在这种流量分发逻辑下，用户即使没有多少粉丝，如果能够生产出足够优质的作品，也可以在很短时间内火遍全网。因为在作品足够优质的情况下，抖音平台就可以向更多的用户进行

① 彭训文.算法推荐出现乱象 我们需要什么样的"算法"？[EB/OL].(2020-11-16)[2021-08-11].http://finance.people.com.cn/n1/2020/1116/c1004-31931686.html.

推荐,这样容易使得流量向头部高度集中。因此在抖音上,用户经常可以看到各类爆款、热门视频。

广告内容分发的智能化本质是基于用户数据的个性化推荐,以程序化购买、亚马逊推荐系统甚至是智能家居为典型代表,“基于人工智能的超级算法可针对消费者的面部识别、语音识别等对个体的生理和心理信息等多个层次的数据进行分析, 从而精准匹配信息, 并针对个体提供定制化服务”,这种分发模式打破了传统广告主要依靠直觉与经验的感性运作, 转变为以数据驱动、事实为决策依据的理性运作,大大提高了广告分发的科学性与效率。① 而且,广告内容分发的智能化发展也使得内容营销具备了高度个性化和精准化的可能。比如,当顾客到店时,特定的智能内容营销平台可以通过 AI 自动抓取用户画像,识别顾客的性别、年龄、潜在需求等,构建多维度的用户分析模型,实现消费场景自动匹配和内容信息的自动投放,这样一来,就可以让顾客既了解了产品或品牌信息,又可以使顾客在愉悦的氛围中增强对产品的理解,提升品牌好感度。智能广告分发在户外广告的投放中也令人耳目一新。比如,2017 年,北京现代通过 OOHLink 投放了一组个性化的户外广告。广告分成白天版、夜晚版、晴天版、阴雨天版、男性或女性家庭版等多组不同的创意素材,利用人工智能技术,识别不同的天气状况、受众的性别、年龄等,从而实现在不同天气场景下对不同的受众投放不同的广告。

无论是个性化的信息咨询推荐,还是根据用户画像进行的千人千面的广告创意呈现,都体现出智能分发的精准化。越是在信息过载的时代,用户越容易对大量信息失去耐心,从而产生抵触心理。此时,精准就变得既难能可贵,又讨人喜欢。因为只有在用户的需求场景下为其提供相关的内容信息,才可以避免对其造成信息打扰,并直击其真正的需求痛点。换句话说,在对的时间,和对的人,说对的话,这才是智能分发的题中之义。

不过,也要警惕“选择过载效应”,当提供给用户越来越多的选择时,媒体或品牌也面临着一个潜在风险:大量的选择会吸引用户浏览,但较少的选择会让用户购买。

① 谭辉煌,张金海.人工智能时代广告内容生产与管理的变革[J].编辑之友,2019(3):77-82.

三、内容智能分发的挑战

(一)“尖叫效应”的隐忧

走在人潮涌动的大街上,如果有人突然歇斯底里地尖叫,往往能够快速地吸引人们的注意力,获得大量关注。这在心理学上叫“尖叫效应”。引申到信息传播中,就是指通过非法抓取、剪拼改编的惊悚、恶搞、色情等低俗内容,迅速引发大量关注的现象。不少互联网产品,就是用这个方法获取了关注,而基于算法导向的智能推荐技术则为实现“尖叫效应”带来了技术支持。很多信息推送充斥着大量情绪化的表达和片面化的解读,有些甚至以低俗、猎奇的方式呈现给大众,从而取悦受众,扩大平台用户基数。这就造成了一些“标题党”甚至内容低俗的传播现象。算法主导的智能推荐很难解决这些问题,因为不管是基于内容的智能推荐还是基于协同过滤的智能推荐都是以用户需求为核心,对用户相关信息进行广泛搜集、深度分析,并自动过滤掉“不感兴趣”“不认同”的信息,实现“看我想看,听我想听”,将更契合“尖叫效应”的信息推送给用户,进而引发了“过滤气泡”困境。

(二)“过滤气泡”的困境

智能分发的广泛应用,正在编织一种全新的信息接收方式——以用户兴趣偏好或社交圈层为标准的信息筛选和接收方式。无论是基于机器算法的个性化推荐,还是基于社交关系的智能分发,虽然在一定程度上实现了以用户需求核心的传播,却也面临着“过滤气泡”的信息困境,从而使用户陷入“信息茧房”的陷阱。

“过滤气泡”概念最早由互联网活动家帕里泽(Pariser)2011 年在其著作《过滤气泡:互联网没有告诉你的事》(*The Filter Bubble: What the Internet Is Hiding from You*)中提出。他发现两个人使用谷歌检索同一词语,得到的结果页面可能完全不同;不同政治立场的人浏览同一个新闻事件,看到的新闻倾向也可能完全不同。比如 2010 年发生了令人震惊的英国石油公司墨西哥湾漏油事件,帕里泽委托其两位住在北部并且受教育程度相似的朋友在谷歌上搜索有关的消息。一位获得了深水地平线漏油事件的信息;另一位获得的却是关于该公司的投资信息。这个现象引起了帕里泽的质疑。他发现在互联网时代,搜索引擎竟然可以随时了解用户偏好,并过滤掉异质信息,为用户打造个性化的信息世界,但同时信息和观念的“隔离墙”也会筑起,令用户身处在一个

“网络泡泡”的环境中，阻碍多元化观点的交流。帕里泽将此称为“过滤气泡”。① 他认为，以算法推荐为代表的智能分发技术，用户接收的信息内容往往会受到个人身份、点击行为和检索历史等因素的影响，并受到算法的操控，从而限制用户接触相反的信息。大数据和人工智能技术虽然解决了信息冗余的问题，但却限制了人们对无限信息的渴求和认识，用户似乎是信息的主人，但事实上，由于“过滤气泡”的操纵，他们的视野越来越狭隘，无法获得可以扩展世界观的信息。《信息乌托邦》的作者桑斯坦也认为，信息的协同过滤会导致信息的窄化，使群体成员倾向于加强与本群体的联系，忽视与外界或其他群体的信息交流，导致群体内部的同质化和群体之间的异质性，导致产生“信息茧房”。喻国明直接指出，“长期生活在‘信息茧房’之中，容易使人产生盲目自信、心胸狭隘等不良心理，其思维方式必然会将自己的偏见认为是真理，从而拒斥其他合理性的观点侵入，特别是获得同一类人认同后日益演化为极端思想和极端行为”。②

(三)用户隐私的边界

大数据是内容智能分发决策的基础，对用户个人数据的收集和处理直接决定了内容智能推荐的精准性。但是对于数据的采集与使用却越来越成为一个敏感话题，如何平衡好商业利益与用户数据权利之间的关系成为智能分发平台或媒体不得不认真考量的重要议题。近年来发展势头迅猛的会员订阅制流媒体播放平台 Netflix 在内容智能推荐方面成效显著，平台数据显示，在过去两年中，用户观看的 80%以上的 Netflix 节目都是 Netflix 引擎推荐的直接结果，而不是用户搜索的特定内容。它在数据采集和使用方面非常重视“透明度”，即让用户了解平台如何收集和使用数据，而不是在用户不知情的情况下进行。其技术研究团队认为数据使用的透明度原则不仅促进了用户对系统的信任，而且鼓励会员提供反馈，这将促进更好的内容推荐，形成良性循环。如果没有透明度，个性化内容推荐可能会被认为是对用户侵入性的窥探，而不是有用的和直观的推荐。

当然，面对这些挑战，互联网平台也在做积极改变，比如为帮助用户发现更多兴趣点，今日头条不断引入多领域的优质内容生产者，并运用算法推荐给用户；推出“灵

① 郭小安，甘馨月.“戳掉你的泡泡”：算法推荐时代“过滤气泡”的形成及消解[J].全球传媒学刊，2018，5(2)：76-90.

② 喻国明.“信息茧房”禁锢了我们的双眼[J].领导科学，2016(36)：20.

犬”反低俗助手，剔除低俗信息。推荐系统还增加了消重和打散策略，前者旨在消除内容相似文章推荐，后者降低了同领域或主题文章的推荐频率。① 越来越多的平台在数据采集和使用方面正走向规范化和透明化。

第三节 人机协同：内容生产分发新空间

智媒时代，机器已经进入内容生产的各个环节，但正如彭兰教授所指出的，很多时候，机器并非是脱离人独立存在的生产主体，而是作为人的辅助者、延伸者存在。智能化内容生产需要更多地探索人机协同下的新机制。②

尽管机器可以在许多层次上扩展信息收集能力，比如，机器可以实现全时化的信息采集，机器可以为记者的采访提供辅助，也可以使用户分析个性化、场景化、实时化，但它不可能完全替代人的采访，也不可能拥有人类的创造性，至少目前的弱人工智能阶段是如此。AI 技术是人类发明的成果之一，但它本身不具有创新能力。机器自己不能提问，它所有的“问题”和“答案”都是人类程序编写者设置的算法指令。以新华社的“快笔小新”为例，人类事先在“快笔小新”的工作程序中输入新闻模板，因此“快笔小新”生产出来的稿件相对单调。也就是说，AI 技术虽然足够“智能”但并不“人性化”，更多的是机械化、程序化、模板化。机器可以辅助人类进行高效的内容生产，但是不能完全取代内容生产者。人在信息采集特别是现场的新闻采访、创造性的创意呈现中的核心地位不会被动摇。人对事实的观察、对特定对象的感知，仍是支持内容生产的重要基础。

在内容的审核和把关方面，人机协同也有新的想象空间。一方面，要对海量信息进行审核和把关显然不能仅仅寄希望于人，机器已经成为信息核查的重要辅助力量，它可以在信息来源、技术鉴定、交叉验证、演变跟踪等方面提供高效的技术支持；另一方面，对于信息价值、风险等的判断，很多时候机器是无法作出有效决策的，这就需要人来完成。

在内容的分发上，人机协同也是未来的方向。“尖叫效应”“过滤气泡”“信息茧房”等现象反映出今天的分发算法尚未达到理想状态。算法机制激励下的内容推送

① 彭训文.算法推荐出现乱象 我们需要什么样的“算法”？[EB/OL].(2020-11-16)[2021-08-11].http://finance.people.com.cn/n1/2020/1116/c1004-31931686.html.

② 彭兰.智媒趋势下内容生产中的人机关系[J].上海交通大学学报(哲学社会科学版),2020,28(1):31-40.

模式，使得受众只接受到自己爱看和经常看的信息，越发沉浸在自我搭建的场景之中，难以实现对事物的全面认识，用户个体之间的价值观也存在被逐渐拉大的可能，最终导致获取信息存在失衡却不自知。这种内容窄化、封闭都是过度依靠算法推送造成的。因此，智能推荐算法也需要不断学习和进化，从而体现出更多来自媒体行业的专业原则和价值判断。为了帮助人们获得更多的专业内容，更好地了解社会环境，拥有更多的信息选择，除了算法分发和社交推荐，大众传播仍然是必要的，专业媒体信息甄别和推送的专业视野仍不可替代。

在媒体的职责承担上，只有人机协同才能创造更加有价值的未来。媒体除了要呈现基本信息、描述基本现象，还肩负着挖掘信息深层意义、解读现象背后故事的职责，人工智能能够通过大数据和算法实现内容的生产，但内容基础之上的意义赋予、价值制造则需要人来完成。

智能化内容生产和分发运用大数据技术在海量的文字、图片、视频、网页中进行数据挖掘，有效提取信息，虽然提高了效率，但也给人类带来了新型监视。AI 在内容生产过程中所需要的资料都是利用大数据在互联网后台中获取的，用户使用互联网时会留下痕迹，包括聊天记录、浏览记录、网购记录等。因此，个人的数据信息在 AI 的“监视”之下变得愈加透明，大多数的用户处在“全景敞视”的数字监狱里，个人有关信息一旦泄露极有可能会带来严重的威胁。如何合理划定数据采集范围、如何保护用户隐私等都是今后智能化内容生产分发过程中需要解决的问题。

第四节 结语

在“人工智能+媒体”的背景下，内容生产流程变得更加高效、精准和快捷，但不可否认的是，当前处在弱人工智能阶段的内容生产机器完成的内容类型受限，信息内容缺乏人文关怀，人工智能生产的内容产品的版权问题以及伦理价值问题还有待商榷。所以，智能化的内容生产分发方式在内容输出、版权保护、隐私边界和伦理建设等方面还有很长的路要走。

重要术语

AGC 自然语言生成技术　机器人新闻写作　媒体大脑　程序化创意　协同过滤

尖叫效应　过滤气泡

思考题

1.智能媒体时代,内容生产的智能化体现在哪些方面?

2.智能媒体语境下,内容生产的基本流程发生了哪些变化?

3.智能化内容生产在机器人新闻报道和程序化广告领域有哪些典型的应用案例?

4.智能算法推荐有哪些逻辑?

5.智能算法推荐的利弊分别有哪些?

6.内容智能分发面临哪些挑战?

7.内容生产分发在未来有哪些可能的方向?

第八章 智能媒体语境下的数据资产管理

智能媒体时代的到来,也是数据时代的到来。在过去的十余年里,数据借助移动互联网的发展形成指数级的积累。正如普华永道在《数据资产生态白皮书》中提出的观点那样,数据不仅是数字时代的“石油”,还逐渐成为我们生活中不可或缺的空气和水。不管是个人,还是企业组织、政府机构,要实现正常生活和运转已经离不开数据的支撑。这是智能媒体时代一个最基础的社会变化。根据 IDC 的预测,2025 年全球数据量将达到 175ZB。干巴巴的数字或许无法带给我们任何冲击,但我们可以通过几个类比来感受 175ZB 数据量级的庞大:假如将 175ZB 的数据刻录在单盘容量为 4.7G 的普通 DVD 光盘中,则这些光盘叠加的高度是月球至地球距离的 23 倍,抑或环地球赤道 222 圈;以美国平均网速 25Mb/s 而言,下载完 175ZB 数据需要 18 亿年。①

随着智能媒体的进一步发展,数据的累积还将进一步加速,数据所带来的连接效应也将不断延伸,数据资源的量级则将进一步扩大。面对智能媒体时代的海量数据资源,如何将其转化为资产,已经是具备战略眼光的企业、政府正在思考的问题了。但毋庸讳言,当前的数据资产管理还处在较为初级的阶段,恣意生长的数据生态中乱象频现,数据确权、数据隐私、数据安全、数据资产评估等都是今后很长一段时间我们要面对和解决的问题。

第一节 数据资产的内涵

随着智能媒体时代的到来,人类社会积累了海量的数据,从宏观上看,数据已经成为驱动社会发展的重要资源。而站在较为中观和微观的立场,企业、组织机构以及个人如何利用这些资源让其发挥效力才是资源的正确打开方式。从这个意义上看,我们需要站在资产的角度对数据资源进行再认识。

1977 年,斯图亚特 · 卡巴克在介绍一款索引系统时认为该系统是一种无价的信

① IDC.数据时代 2025 报告[EB/OL].(2018-12-21)[2021-04-15].https://www.chinastor.com/market/12214001R018.html.

息资产①,这是信息资产的最早提法。此后,1994 年,毕马威会计师事务所 IMPACT 项目发布了《霍利报告》,其认为信息是一种重要资源,并首次提出了信息资产的定义,"已经或应该被记录的具有价值或潜在价值的数据"②,这是信息资产最早的定义。1995 年,英国路透社的《信息作为一种资产:无形的金矿》一文报道了对 500 名英国公司高管进行的电话采访,其中有近 25%的公司表示,信息是其最重要的资产;50%的公司认为,他们的品牌和商标不如他们的信息有价值。③ 上述两份报告都产生了广泛的影响,信息作为资产的概念逐渐被社会接受。国际标准 ISO/IEC 27000:2018 (E) 中,信息被定义成一种资产,与组织中其他重要的资产一样需要得到适当的保护。④ 在第一家信息技术研究和分析的公司 Gartner IT 术语表中,信息资产也被认为是一种数据或信息(有价值的数据),它可以从不同渠道获取。综合上述概念,国内学者将信息资产定义为:已经或应该被记录的具有价值或潜在价值的数据。⑤ 几乎与此同时,数据资产的概念也在不断发展。

梳理现有文献发现,"数据资产"最早由理查德·彼得斯 (Richard Peters) 于 1974 年提出,他认为数据资产包括公司持有的政府债券、公司债券和实物债券等资产。⑥ 显然,这一理解与我们今天对数据的认识存在很大差异。随着时间的推移,数据资产的内涵和范围也在不断扩展。1997 年,有学者认为"公司的市场价值和竞争定位直接关系到其数据资产的数量、质量、完整性以及由此产生的可用性,并指出创建 E&P 数据库是利用好数据资产的第一步"⑦。2009 年,托尼·费希尔在《数据资产》中明确指出数据是一种资产,并提醒企业要把数据作为企业资产来对待。⑧ 同年,国际数据管理协会 (DAMA) 在《DAMA 数据管理知识体系指南》中指出,在信息时代,数据被认

① KABACK S M. A user's experience with the derwent patent files[J]. Journal of chemical information and computer sciences, 1977, 17(3): 143-148.

② KPMG/IMPACT. Information as an asset: the board agenda[R]. London: KPMG/IMPACT Group, 1994.

③ WADDINGTON P. Information as an asset: the invisible goldmine[J]. Business information review, 1995, 12(1): 26-36.

④ Information technology- Security techniques- Information security management systems-overview and vocabulary[S]. ISO/IEC27000:2018(E).

⑤ 朱扬勇,叶雅珍.从数据的属性看数据资产[J].大数据,2018,4(6):65-76.

⑥ PETERSON R E. A cross section study of the demand for money: the United States, 1960-62[J].Journal of Finance, 1974, 29(1): 73-88.

⑦ ALGAN U. Anatomy of an E&P data bank: practical construction techniques[J]. The leading edge, 1997, 16(6): 901-902.

⑧ FISHER T. The data asset: how smart companies govern their data for business success[M].New York: Wiley, 2009.

为是一项重要的企业资产,每个企业都需要对其进行有效管理。① 而 2011 年世界经济论坛则从个体的角度关注了数据资产的问题,其发布的《个人数据:一种新资产类别的出现》报告中指出,个人数据正成为一种新的经济“资产类别”②。同年,有学者从遗产继承的角度提醒在做遗产规划时需要充分了解数字资产的相关性质及变化规律。③ 2015 年 7 月, 北京中关村成立国内首家开展数据资产登记确权赋值的服务机构——中关村数海数据资产评估中心,用于推动大数据作为资产的确权、赋值并促进交易等。2016 年,中关村数海数据资产评估中心与 Gartner 公司一起发布了全球首个数据资产评估模型。2018 年 4 月,中国信息通信研究院(以下简称中国信通院)云计算与大数据研究所发布的《数据资产管理实践白皮书(2.0 版)》中将数据资产定义为“由企业拥有或者控制的、能够为企业带来未来经济利益的、以物理或电子的方式记录的数据资源, 如文件资料、电子数据等”④。上述定义或站在个人角度,或从企业视角对数据资源进行解读,综合来看,数据资产是指由企业或个人拥有或者控制的,能够为企业或个人带来未来经济利益的或生活便利的,以物理或电子的方式记录的数据资源。

通过上述梳理可以发现,社会对数据价值的认识越多,企业或其他组织机构也就越对数据驱动的增长寄予厚望。但并非所有数据都能转化为资产。首先,数据是存在保质期的。比如,DMP 中的兴趣标签以及企业在自有触点上抓取的用户行为数据等,其保质期是相当短的,或者说这些数据是动态变化的。这也就意味着,即使掌握很多用户数据的企业,实际上或许并没有多少真正可用的数据。所以,数据要成为资产,就必须做到及时更新和清理。其次,数据是需要进行体系规划的。在大数据时代,建立数据资产的难度,不在于获取数据本身,而在于数据体系的规划。对企业而言,一般都会有两大块数据,一是企业自身积累的第一方数据,一是第三方数据。但是现在最大的难题在于这些数据在格式、维度上互不相关,很难打通。也就是说,企业看似拥有很多数据,但这些数据的流通性很差,类似于一个个数据孤岛,处理起来相当困难。而之

① The DAMA guide to the data management body of knowledge-DA- MA-DMBOK[M].New Jersey:Technics Publications, 2009.

② 资料来源:MICHELE, Personal data: the emergence of a new asset class, 2011。

③ MCKINNON L. Planning for the succession of digital assets[J]. Computer Law & Security Review, 2011, 27(4): 362-367.

④ 中国信息通信研究院云计算与大数据研究所. 数据资产管理实践白皮书(2.0 版)[R]. 北京: 中国信息通信研究院, 2018.

所以会存在这种现象,很大程度上就是缺乏对数据体系的规划。不管是数据的更新还是数据体系规划,本质上都是要促进数据流通,这也是将数据资源转化为数据资产的关键能力。

第二节 数据生态的乱象

2021 年 7 月 2 日,由于滴滴 App 存在严重违法违规收集使用个人信息的问题,国家互联网信息办公室对此发布了"关于下架滴滴 App 的通报",并要求滴滴对此进行整改,切实保护个人信息安全。此次对滴滴出行的审查是国家首次对企业启动网络安全审查,此事件可谓轰动了社会各界。随后,网络安全审查办公室组织对网上购物、运动健康、网络游戏等常见类型且公众大量使用的部分 App 的个人信息收集使用情况进行检测,通报了 57 款违法违规收集使用个人信息的 App。

上述案例仅仅是当前数据生态乱象中的冰山一角。随着数据逐渐成为人们获得新的认知、创造新的价值的源泉,在数据的使用上也开始出现了诸多问题。

数据垄断。各领域都意识到海量数据蕴藏着巨大衍生价值,数据成为数字经济时代的战略性资源,引发不同行业主体的争夺。随着数据积累差异的形成,数据垄断现象已经发生,部分平台企业在掌握了海量数据控制权的同时,也掌握了前所未有的权利。事实上,在当前环境下,数据因其规模性、丰富性等特点,很容易被平台级企业垄断,而且垄断形式也多种多样,从垄断技术到垄断市场,从垄断消费者到垄断产品。而且,数据积累的马太效应也尤其明显,最终强者愈强的状态会导致"闭环"数据垄断的形成。比如,一个头部平台在积累了大量用户之后可以不断拓展其业务版块,最终成为一个覆盖用户衣食住用行等方方面面的数字生态系统。这在给用户带来数字便利的同时,其实也在某种程度上剥夺了用户向这个生态说不的权利。不管用户意愿如何,都被编织进了平台构筑的这张数字生态网中。而当用户数据集中在部分电商、社交媒体平台时,个人数据的聚集效应越来越明显,不可避免会出现数据歧视、"信息茧房"、大数据杀熟乃至隐私侵犯等诸多问题。而从行业竞争层面来看,数据垄断也使其他中小型企业无力与这些头部企业抗衡,造成少数平台垄断市场的局面。

数据隐私与安全。虽然近几年社会和企业对于数据安全及合规的相关认知逐渐加深并在推进相应的能力建设,但是在海量数据下的合规治理、安全管控等方面,依然存在诸多风险。2021 年,在央视"3·15"晚会公布的 9 个事件中,有 3 个都与个人隐私数据相关。一是人脸识别系统被滥用,多家知名商店安装人脸识别摄像头,科勒卫浴、宝马、Max Mara 均在列;二是伸向简历的黑手,多家知名招聘平台,只要给钱,简历就可以随意下载;三是老人手机里的陷阱,假冒手机清理类的软件,却在偷偷窃取信息,将老人推向诈骗深渊。侵犯个人数据隐私的现象越来越普遍,数据隐私与安全已经成为一个世界性的社会问题。而要想实现数据的资产化,解决这一问题又是无法绕开的关键环节。

数据造假。2018 年,乎睿数据提供的数据显示,马蜂窝的海量点评中 85%以上来源于竞争对手网站,马蜂窝的 2,100 万条"真实点评"中 1,800 万来自其他网站。马蜂窝上有 7,454 个抄袭账号,合计从携程、艺龙、美团、Agoda、Yelp 上抄袭搬运了 572 万条餐饮点评与 1,221 万条酒店点评。近两年最火爆的直播电商也是数据造假的重灾区,动辄几百万、几千万的观看量,上亿元成交额,看似如火如荼,其实这背后有不少观看人数虚假、销售数据"注水"问题。有记者调查发现,只需要 16 元就可以让你的淘宝直播间增加 10,000 观看人数,2 元可以增加 10,000 个点赞,只需要 30 元就可以让你的直播间出现一种不断有用户购买的假象。在一些 QQ 群和微信群中,除此类的刷单广告比比皆是外,还有专门的商家组织真人粉丝进行直播刷数据。[①] 数据造假所形成的广告黑产也成为数字营销发展的毒瘤。2017 年宝洁全球 CMO Marc Pritchard 在佛罗里达州好莱坞举行的 IAB(美国互动广告局)年度领袖会议上强势炮轰数字营销造假,引发了业界的关注。在 Marc Pritchard 看来,数字营销造假、不透明的潜规则主要集中在"媒介供应链"和"广告效果衡量和透明度"问题上,前者针对的是服务于宝洁的第三方媒介采购代理公司,后者则针对的主要是诸如 Facebook、Instagram、Twitter、Snapchat、Pinterest、YouTube 等媒体平台。根据市场调研机构 comScore 的统计,因为存在广告欺诈,有半数以上的展示广告实际上并未被真实的受众看到。来自 IAB 的报告也指出,无效流量使广告主每年至少损失 42 亿美元。第三方监测公司秒针系统公布的《2018 年中国互联网广告无效流量行业报告》也显示,2018 年中国互联网广告全年无效流量占比达 30%,中国品牌市场因异常流量(IVT)造成的损失高达 200 多亿人民币。要解决数据造假,一方面可以依靠反作弊技术,如通过搭建异常 IP 库、限制频率等过滤掉虚假流量,另一方面,相关法律法规体系建设也需要不断跟进,提高造假

① 杜峰.直播带货将破万亿背后:数据疯狂造假何时休?[N].通信信息报,2020-11-19.

的经济风险和法律风险，最终推动数据生态的良性发展。

数据孤岛。随着对数据价值认知的深化，不同主体都在收集和积累大量数据。然而当前数据的流通性并不强，不管是不同组织之间，还是同一组织的不同板块之间，其数据往往缺乏关联性和兼容性，难以进行有效连接互动。大量数据堆积在不同的空间，就像一个个孤岛一样。数据孤岛又可以分为物理性和逻辑性两种。物理性的数据孤岛指的是，数据在不同主体间相互独立存储，独立维护，彼此间相互孤立，形成了物理上的孤岛。逻辑性的数据孤岛指的是，不同主体站在自己的角度对数据进行理解和定义，使得一些相同的数据被赋予了不同的含义，无形中加大了数据合作的沟通成本。需要格外注意的是，数据孤岛现象不仅仅发生在商业层面，公共服务层面的数据孤岛现象也十分显著。比如，不少地方都在提升行政审批效率，不约而同喊出了“一个窗口办结”的口号，但在很多地方，这“一个窗口”的支撑不是不同部门间的数据打通和交换，而是不同部门的工作人员的集中办公。尽管我国政府信息化建设已历经20多年，形成了相当完备的政府业务网和政府公众信息网，然而由于各自为政、标准不一等，造成各部门之间的数据始终缺乏有效整合，结果形成了一个个的“数据孤岛”，大量有价值的数据资源不能发挥更大作用。地方上投入巨额资金建设的信息系统，也因为缺乏数据资源，导致原本设计的诸多功能全无用武之地，形成另一种浪费。①

第三节　数据资产的管理

在智能媒体时代，数据资产显示出了愈发重要的价值，但同时，数据生态中的诸多乱象也成为阻碍数字经济进一步发展的桎梏。为此，对数据资产的科学管理、对数字生态的全方位治理就显得必要且迫切。

数据确权。2020年10月21日，中国人大网公布《中华人民共和国个人信息保护法(草案)》全文，并公开征求意见。在信息化时代，个人信息保护已成为民众最关心、最直接、最现实的利益问题之一。可以说，该草案的公布标志着针对个人信息野蛮掘金的时代已经结束。2021年6月，第十三届全国人民代表大会常务委员会第二十九次会议通过了《中华人民共和国数据安全法》，这是我国第一部有关数据安全的专门

① 彭波. 如何打破“数据孤岛”[N/OL]. 人民日报，2017-08-02[2021-08-21]. http://opinion.people.com.cn/n1/2017/0802/c1003-29443045.html.

法律,也是国家安全领域的一部重要法律。根据《中华人民共和国数据安全法》的界定,数据处理包括收集、存储、使用、加工、传输、提供、公开等。而这背后的数据确权问题可能是优先级最高、任务最艰巨的一环。如今,数字经济在 GDP 中的地位已经举足轻重,中国信通院数据显示,2020 年我国数字经济规模达到 39.2 万亿元,占 GDP 比重为 38.6%,同比增长 9.7%。数字经济的崛起,倒逼着对数据的确权。

数据确权包括数据的所有权、使用权、经营权、知情权、遗忘权、修改权、删除权、拒绝与限制处理权等一系列的权利。国际上对于数据确权也在进行尝试,如通过《一般数据保护条例》(General Data Protection Regulation,简称 GDPR)和《非个人数据在欧盟境内自由流动框架条例》,欧盟确立了"个人数据"和"非个人数据"的二元架构。针对任何已识别或可识别的自然人相关的"个人数据",其权利归属于该自然人,其享有包括知情同意权、修改权、删除权、拒绝和限制处理权、遗忘权、可携权等一系列广泛且绝对的权利。针对"非个人数据",企业享有"数据生产者权"(data producer right)。但欧盟数据确权的这次尝试并不算成功,"个人数据"和"非个人数据"的分割与现有实践不符。对个人数据的范围定义过于宽泛,也在某种程度上限制了数字经济的繁荣与活力。有学者指出,欧盟援引隐私权保护或确立个人信息人格权保护的方式,其落脚点都是以个人信息为基础,将用户视为唯一绝对的主体。这种模式的形成,很大程度上是早期互联网活动视野下可以理解的一种法律思考。但随着数据经济的发展,这种简单的单边处置方式明显不合时宜。如果一味强调个人信息人格权单边保护,很不利于网络平台、网络服务的提供和经营,结果也许会导致网络服务难以为继,用户自身最终也会失去网络便利。而且,随着数据资产化的经济利益越来越巨大,个人信息人格权保护简单模式与数据经济的实际运行要求也直接发生抵牾,难以有效调和用户和网络经营者基于个人信息和数据的利益关系,网络经营者的数据经营的保障和动力都很脆弱,不利于其发挥创造性。① 因此,在数据确权的过程中,如何处理个体与机构、信息权利与经济发展之间的关系就显得尤为重要。如果过于宽松,则无法发挥保护个人权利的作用,而如果像欧盟这样,又会过犹不及,伤及数字经济成熟业态,阻碍人工智能、区块链和云计算等新兴产业的发展。

数据估值。数据资产作为一种新的资产形式,如何对其进行价值管理成为一个新的研究课题。数据资产价值评估是使数据的内在价值和使用价值有一个可操作的量

---

① 龙卫球.数据新型财产权构建及其体系研究[J].政法论坛,2017,35(4):63-77.

化指标，对数据进行多角度价值评估，利用评估结果对工作提出整改建议，提升数据运营管理水平。① 作为未来数据资产价值释放的核心环节，数据评估关系到数据的交易和流通，在数据资产的沉淀过程中至关重要。传统资产评估方法主要包括收益法、市场法和成本法。② 2015 年，中关村数海数据资产评估中心成立，这是全国首家开展数据资产登记确权赋值的服务机构，旨在依托数据资产建立创新型企业价值评估模型，使创新型企业重要的数据资产在公司挂牌上市、企业融资过程中能够释放价值。2018 年 3 月，全国首个官方授权的数据资产评估中心——内蒙古（和林格尔新区）数据资产评估中心正式成立，进一步补足了我国数据资产评估领域的短板。数据资产的价值主要来源于其直接或间接产生的业务收益，但由于数据自身存在的无损复制性、按不同业务场景产生收益的可叠加性，使得特定数据资产的价值与传统资产价值不同，不是一个固定值，而是一个随不同因素变化的动态值。因此也有学者认为，由于大数据规模和容量巨大，利用传统方法进行价值评估会产生局限性。人工智能或机器学习技术可以在数据资产价值评估中发挥很好的优势，从而利于数据资产价值评估目标的实现。③

数据流通。发挥数据价值的关键在于数据流通，但数据孤岛的存在已经成为目前制约数字经济进一步发展的"硬骨头"。可以说，解决数据流通面临的问题迫在眉睫。为了解决这些问题，从政府到行业都进行了诸多探索。例如，各地颁布了诸多促进数据流通的政策，推进数据开放共享。从技术架构的角度来看，数据流通的主要模式可分为三种：点对点流转模式、星型结构循环模式和网状结构流通模式。点对点流转模式是由数据供需两个节点组成的数据流转系统。数据供应商根据需求方的要求和约定规则向需求方打开数据资源库，完成流转对象的传递。星型结构循环模式是指一方作为数据资源采集者，对所有其他数据资源所有者的数据资源进行收集和整理，对所有数据资源进行再处理，最终提供给所有数据资源需求者的一种模式。这种模式主要存在于数据平台中，作为中间代理为数据提供者和数据购买者提供数据交易匹配服务。数据提供商通常会选择一种交易方式，以自己的价格出售数据，并根据具体的交易方式设置数据的销售周期、使用和转让条件。网状结构流通模式是指一个或多个数据资源组织者组织数据资源的供求，形成流通任务，组织不同的供需方按需传输数据

---

① 张志刚，杨栋枢，吴红侠.数据资产价值评估模型研究与应用[J].现代电子技术，2015，38(20)：44-47，51.

② 高文忠. 数据资产价值评估刻不容缓[N]. 中国会计报，2021-01-29(007).

③ 姜玉勇.大数据资产价值评估研究：一个分析框架[J].经济研究导刊，2021(8)：5-7.

资源的模式。根据通信、互联网等具有网络特征的行业的发展规律，随着数据流通相关技术的逐步成熟，整个社会的数据资源将逐渐融合和连接，最终形成网状结构的数据流通模式。[①] 另外，随着大数据技术的不断发展，人们逐渐发现，从技术角度去探索更具潜力。例如，区块链技术使得数据交互方可以不依靠第三方机构进行信任和价值传递，安全多方计算技术使得数据拥有者可以在保护数据的前提下发挥数据价值。从商业模式的角度看，随着数据确权与定价的逐步明晰，普华永道认为，未来，数据资产的商业化前景将逐步下沉至以个体为代表的C端用户群体，形成打通G、B及C端在内的数据交易、数据银行、数据信托和数据中介等模式。[②] 需要指出的是，数据流通的技术实现有很多要求，主要体现在个人信息保护、权益分配、数据安全保障、追溯审计等方面，数据流通的核心是促进数据安全有序互联，积极推进数据交易市场化，推动数据互联便捷化，完善数据应用落地化，促进数据生态健康良性发展。

第四节　结语

智能媒体时代，数据已经成为个人生活和社会发展的基础，但因面临着当前数据确权的艰难、估值的困难、开放流通性差、隐私安全问题突出等挑战，数据在供需方面依然有诸多失衡，数据资产的价值还未得到最大限度的释放。为此，政府可以在政策法规制定、商业模式创新、技术规范搭建等方面着力，以应对数据应用、开放、融合的发展难题。

重要术语

数据资产　数据孤岛　数据流通　数据确权　数据垄断　数据估值　《一般数据保护条例》　Gartner　数据造假

---

① 资料来源：中国信息通信研究院，云计算与大数据研究所数据流通关键技术白皮书，http://lawv3.wkinfo.com.cn/topic/61000000502/3.HTML。

② 资料来源：普华永道，数据资产生态白皮书，2020.11。

思考题

1.数据资产的内涵经历了哪些变迁?

2.当前数据生态存在哪些乱象?

3.数据资产管理包括哪些环节?

4.在数据确权方面目前有哪些比较有影响的尝试?

5.当前我国在数据资产管理方面有哪些亟待解决的问题?

6.数据流通的重要前提有哪些?

第九章 算法伦理：智能媒体与技术中立

算法正在我们的日常生活、工作、学习、社交等活动中发挥着越来越重要的作用,它逐渐成为我们与信息、数据、知识、内容等比特化世界进行互动的中介,越来越多的传播媒介在完成了数字化、数据化后快速迈入算法化的新阶段。在这样的语境下,媒介进化历史也从数字媒体时代过渡到了智能媒体时代:诸如亚马逊、京东这样的电商网站不断积累着我们每个人的消费数据,并在此基础上分析我们的偏好特点从而使得它的推荐更加符合我们的兴趣口味;诸如华为、三星这样的手机硬件能够借助机器学习提升对我们每个人所处的不同场景和不同状态的判断能力;诸如头条、抖音这样的内容平台则将为我们匹配个性化新闻、资讯和娱乐的绝大部分任务让给了算法,而不是人工编辑;在交通、治安、教育、医疗等越来越多的领域,算法也已经成为不可或缺的重要工具……当然,这样也并不意味着算法是万能的。算法不可能处理所有的事情,而且,算法在处理很多问题的时候,也常常需要一定时间甚至不间断地学习,并且在出现各类问题的时候接受人工纠错机制的介入。

第一节　算法接管工作:通往自由之路?

智能媒体时代的典型特征就是算法逐渐接管原来属于人类的大量基础性工作和程序化劳动,在数据的收集、新闻的写作、内容的排版、影像的后期、图书的推荐、资讯的分发、广告的投放等越来越多的媒体环节,甚至在电影配乐、AI 换脸①、新闻播报、节目主持②等方面,也都越来越自动化、智能化和算法化,这意味着很多原本由人类从事的媒体类工作岗位在未来会被机器或算法取代,从而释放出大量的自由劳动力和自由时间。人们通常会认为,有相当多的媒体工作需要人类的智力参与才能完成;但从今天的智能媒体视角来看,恰恰相反,有相当多的媒体工作压根不需

---

① 2019 年 2 月,网络上流传着有位 B 站 UP 主“换脸哥”,用 AI 算法技术将 1994 版《射雕英雄传》主演朱茵的面貌替换成了演员杨幂的面貌,无论是风格还是表情都没有违和感。https://tech.sina.com.cn/csj/2019-02-26/doc-ihrfqzka9312468.shtml。

② 在 2018 年举办的乌镇第五届世界互联网大会上,新华社发布了国内首位“人工智能机器人”,能够利用英语和汉语进行流利的语音播报。http://www.sohu.com/a/274442194_578982。

要人类智力参与,人工智能完全能够胜任。在技术加速变革和资金大力投入的前提下,更加高效、更加精准、更具现实解决能力的算法被研发出来并投入媒体产业的实践应用中去。其好处在于这些智能媒体工具能够客观地按照算法设定的要求去完成相应的工作从而把人类从无聊、枯燥、乏味的劳动中解放出来,但问题在于这样做的同时也在很大程度上给被解放出来的人工造成了较大的就业压力和经济危机。对于这一点,现代西方著名经济学家约翰·梅纳德·凯恩斯在那篇题为《我们后辈的经济问题》的文章中创造性地提出了"技术性失业"(technological unemployment)的概念,这意味着,在采用越来越自动化和智能化的人工智能和算法工具的产业领域中所产生的更多失业现象是由技术的应用造成的,"是由于我们发现节省劳力的新方式的速度超过了我们发现劳力新用途的速度"①。

如果某一项媒体工作无论在智力投入方面还是在情感投入方面的要求都不太高,那么从事这份工作的人员就会非常容易被算法所取代。"在新的算法社会,计算机科学家与数学家将在文化决策方面发挥越来越重要的作用……最终可能实现几代技术乌托邦主义者梦寐以求的目标:每周工作 20 小时,50 岁退休。"②这一方面意味着人们将拥有更多的时间和精力去思考文化、创造娱乐和关注生活,就像奥斯卡·王尔德所说的那样,"希腊人的观点是正确的。如果没有奴隶去完成那些脏活儿、累活儿、不体面的活儿,文化与思考就无从谈起。以人为奴隶是不合适、不安全的,也是不道德的。未来世界依靠的是机器奴隶,即把机器变成我们的奴隶"③。如今,我们有机会把这些所谓的脏活儿、累活儿、不体面的活儿、枯燥无聊的活儿一股脑儿地交给"算法奴隶"来完成,从而腾出更多的时间去体味文化、创造文明了;然而另一方面,大多数被"算法奴隶"所取代的人类劳动者却陷入了另一个尴尬的困境之中:他们赖以维持生存的经济收入将从什么地方获得?毕竟被算法替换掉的大量劳动者是依赖一份工作而获得经济收入的,这种建立在工业时代的生产消费模式如果被算法时代的新思维和新工具摧毁,可能导致的严重后果就是那些看上去被解放为自由劳动力的人,恰恰会因此被切断经济来源从而成为最不自由的人。

如果媒体不再需要广告设计师、视频剪辑师、图文编辑人员,未来这方面的劳动

① KEYNES J M. Economic possibilities for our grandchildren, Essays in persuasion[M]. London: Palgrave Macmillan, 2010:321-332。

② 多梅尔.算法时代:新经济的新引擎[M].胡小锐,钟毅,译.北京:中信出版社,2016:202.

③ WILDE O. The soul of man under socialism.[EB/OL].(2021-08-11)[2021-10-01].http://libcom.org/library/soul-of-man-under-socialism-oscar-wilde.

者就会大量减少，但问题在于目前正在从事这些工作的人被排挤出现有工作岗位之后将怎样快速完成他们的职业转型呢？表面上看这仅仅只是一部分人的就业问题，但更深层次的问题在于如果越来越多的人被“算法奴隶”或者智能工具排挤出就业市场，我们要想生存下去，就必须对我们这个社会目前存在的但是已经过时的运营模式进行改革，必须对建立在工业经济基础之上的社会文化、生活方式和管理体制进行根本性的变革。而这个变革的过程却是相当漫长的，对于那些目前已经遭受或者即将遭受新的算法技术冲击的劳动者而言，没有谁有耐力和经济能力经历漫长的等待，就像凯恩斯在《货币改革论》中所说的那句经典名言一样，“长远是对当前事务错误的指导。从长远看，我们都已经死了”。事实上，从长远看，谁都不清楚算法进化的未来究竟会是一个理想国还是一个乌托邦，或者也有可能是地狱。如果几百年后的人们利用算法获得了真正的自由，那么是否值得我们牺牲当前正在遭受算法冲击的大量劳动者的生存权利和发展权利来为后人的自由铺路？事实上，解决自由悖论的钥匙并不完全掌握在数据科学家、软件工程师和算法设计员的手中，他们无论在职业层面还是在伦理层面的出发点都是要把人类从沉重、枯燥的劳动中拯救出来。但由此造成的问题则需要劳动者自身去承受，并需要算法的使用者和社会的管理者综合考量所有的可能因素来保障劳动者的生存，使他们要么免受算法的影响，要么能够在受到冲击之后找到更合适的工作。我们如何设计、使用和管理这些功能日益强大的算法，如何在机器奴隶和人类劳动之间寻找到某种平衡，将会直接影响到未来包括传媒产业在内的所有经济领域的本质，也将会直接决定未来的社会结构和社会形态最终会沿着什么样的路径发展下去。

第二节　算法参与决策：通往公正之路？

2018 年，一名互联网公司员工 Ibrahim Diallo 在博客上发文抱怨，一天早晨上班，他突然没法刷门禁卡、用停车场，也登录不了工作软件。从上级主管到直管经理，没有人清楚这一切为何发生，直到他们收到一封内部邮件，称该员工已被解雇。一头雾水的他们准备向技术团队了解情况，不巧的是，此时解雇程序正在逐步升级——计算机自动重启，清空了所有数据；保安前来，称根据指令要把他送出大楼。他不得不先收拾东西回家。直到 3 个星期后，他才得知解雇原因：他的前任经理被裁员时,忘了为他的合同续约。当机器接管一切,合同到期,他也被扫地出门了。尽管错误厘清,但他又得经历一遍烦琐的入职程序,感到身心俱疲。①

类似的事例不断发生。

2020 年,63 岁的快递司机斯蒂芬·诺曼丁被解雇了,作出这个决定的是一台机器。诺曼丁隶属于亚马逊公司一个众包配送服务平台,他在美国凤凰城做这份工作已经有 4 年了,直到 2019 年 10 月,他收到了一封通知他被解雇的邮件。解雇他的原因是,"个人评分已经低于亚马逊的规定分数"。监控系统发现,他没有按要求完成亚马逊的快递送达工作。而他本人声称,这一切都无法控制。其中一次,他根据系统指令,清晨到达送货地点,却发现公寓还没开门,用户电话无法接通,自提柜也因故障无法使用,无奈之下他只能将包裹退回分拣中心。此后,他的评级越来越低。

上述两个案例已经说明,在现代社会,大数据和算法的结合已经颠覆了传统的决策方式。② 对于 99%以上的普通用户而言,尽管算法给了人们客观公正的感觉,但实际上大家并不知道在算法的"黑盒子"里面究竟发生了什么,更不知道依赖算法作出的各种各样的选择和决策是否完全正确可靠。事实上,期待算法做到百分之百的公正这种想法本身就有些天真,例如,丁晓东曾选取了 Grutter 案、Gratsz 案和 Bakke 案等几个典型的美国教育平权案来分析讨论美国学校招生政策中算法的合理性,研究发现"算法并非一种完全价值中立的活动,算法总是隐含了价值判断"③。再如,与面部识别相关的算法对男性的识别率要高于女性、对黑人的识别率要高于白人,与就业求职相关的算法向男性推荐的工作岗位整体工资要高于向女性推荐的岗位,与信息资讯相关的算法向受教育水平低的用户群体推送的内容在质量和格调上都存在一些问题,与商品购物相关的算法会选择向那些较少购买奢侈品的用户推送假货……越来越多的案例提醒着我们一个已经非常明显的事实:算法并不像我们想象中的那样客观公正。"最核心的问题仍然要归结于算法所承诺的虚无缥缈的客观性……我们过于担心人类的偏见与自相矛盾,同时又过于相信计算机的公正性。我们的错误在于我们信任算法,但事实上这些算法都是人编写出来的,人们可

① 这一次,是机器解雇了人[N].中国青年报,2021-07-07(06).

② MAYER-SCHöNBERGER V, CUKIER K. Big data: a revolution that will transform how we live, work, and think [M]. New York: Houghton Mifflin Harcourt, 2013:34-70.

③ 丁晓东. 算法与歧视从美国教育平权案看算法伦理与法律解释[J]. 复印报刊资料:法理学.法史学, 2021(2017-6):1609-1623.

以把所有的偏见与观点植入其中。”[①]人类本身就是一种时常带有偏见性的动物，这一点是显而易见的，我们的偏见会影响我们的决策，也会影响我们对于算法的开发和应用，这一点也是毋庸置疑的。

但即便如此，《哈佛商业评论》的一篇文章仍然坚持认为如果你不想被偏见左右，那么算法依然是一个较好的选择。作者 Alex P. Miller[②] 认为，我们在指责算法可能带来严重的不公平问题时，忽略了一些重要的因素，比如，算法的使用者可能不理解概率或置信区间（即使已经注明），并且在实际操作中可能也不愿去推翻算法的决定（即便这在技术上是完全可行的）。这也就是说，算法本身并没有向任何用户承诺自己完全公正、不会出错，只是人们自己觉得它是公正客观的；进一步地说，人们即使意识到了或者接触到了算法在参与决策过程中存在的问题，但这些决策所造成的负面影响并不明显，因此也就不愿去推翻算法的决定。所以，Alex 提醒我们与其把目光聚焦在这些不知是否真正公正的算法选项上而忽略了我们想要解决的真正问题是什么，“不如好好考虑如何将人类和机器的优势相结合，以便创造出更好的、偏见更少的决策工具”。如果我们认真地观察和思考目前流行的对于算法偏见的大量指责，就会发现一个非常有意思的现象：尽管表面上看这些批评的矛头都指向了算法，但更本质的问题其实在于偏见。“多数对于不公正的偏见的批评并不是反算法的，他们更多针对的是偏见，他们并不是真的憎恨算法。”[③]从这个角度来看，解决算法偏见问题的路径将会从过去孤注一掷地聚焦于打造一种完美、公正和客观的算法转变为两种比较切实可行的策略：一是不断地优化和改进现有的算法本身，使其能够不断地向着公正客观的理想状态迈进；二是在算法之外寻找预防和应对可能出现的偏见的方法，“因为在所有案例中，算法都有人的参与，尤其是在搜集数据、制定决策、实现方式、解读结果及因人而异的理解等方面，都会受到人为干预”[④]，以什么样的方式避免这种人为干预过程中可能产生的不公正问题，或许要比单纯关注算法本身来得更有价值。

人类存在偏见，算法同样存在偏见，而算法的偏见则更多是人类偏见在算法世

---

① 多梅尔.算法时代：新经济的新引擎[M].胡小锐，钟毅，译.北京：中信出版社，2016：138.

② MILLER A P. Want Less-Biased Decisions? Use Algorithms. Harvard Business Review[EB/OL].(2018-07-26)[2021-08-21]. https://hbr.org/2018/07/want-less-biased-decisions-use-algorithms.

③ THOMAS R. What HBR gets wrong about algorithms and bias[EB/OL].(2018-08-07)[2021-08-03]. https://www.fast.ai/2018/08/07/hbr-bias-algorithms/.

④ 算法做出的决策能避免偏见吗？[J]. 数据分析与知识发现，2018，2(9)：91.

界中的写照，计算机也好，软件程序也好，复杂算法也好，都“只不过是一个使用了很多语法规则、速度很快的符号转换机，机器缺少生物大脑拥有的东西——解释语义的能力”①。因此，算法世界存在的偏见问题本质仍然是人类社会自身的问题，而不是算法规则的问题。算法可以读取数据并产出数据，但这并不意味着它真的理解了那些数据之于现实社会的意义，它也无法真正理解皮肤的颜色、经济收入、职业区分以及说话语气等具体内容所暗含的敏感信息，它更不会在意它所输出的结果乃至结论是否会引发一场舆论争端或现实冲突。所以解铃还须系铃人，算法偏见的解决最终要寄希望于开发、使用和管理它的人。这样看来，人机结合或许是一个不错的方案，理想的状态应该是这样的：当算法参与决策的时候，它利用神经网络、人工智能、机器学习等工具推理出人类的对话，并据此判断哪些问题可以帮助人类直接执行任务，而哪些问题的处理权和决策权应该归还给人类让他们自己解决。这样，我们就重新回到了没有算法在场的老问题：怎样确保人类自己作出的决策是不带偏见的？而事实上，人类并没有发明出一套完美的游戏机制或社会规则来保证这一点，这也就难怪很多人在谈及算法偏见的时候会抱有“比人类强点就行了”的态度。在任何一个现代社会中，人们都不希望看到偏见的存在；但同样在任何一个现代社会中，偏见却随处可见。或许，从更长远的时间来看，我们依然要寄希望于算法来减少偏见、促进公正。毕竟，只要我们确定的规则是合理的、公正的、无懈可击的，那么算法就会严格地遵循并执行程序。“算法的尊重性，并不仅体现对那些强势群体算法使用者的尊重，而更需要的是对弱势群体算法使用者的包容和理解，即算法不因身份、地位、财富、性别等不同有任何区别。”②在这一点上，人却未必能做到。

第三节　算法窥见隐私：通往透明之路？

英国哲学家杰里米·边沁设计了这样一种“圆形监狱”：在其中，每一个囚徒的所有行为动作对监视者而言都是可见的，但监视者的任何心理、表情和动作对囚徒们而言则是无从得知的，他们甚至根本不知道监视者的存在。法国哲学家米歇尔·福柯在其著名的《规训与惩罚》一书中使用了“全景监狱”的概念来表达与边沁类似

① 马尔科夫.与机器人共舞：人工智能时代的大未来[M].郭雪，译.杭州：浙江人民出版社，2015：179.
② 郭林生.论算法伦理[J].华中科技大学学报(社会科学版)，2018，32(2)：40-45.

的意思,但这里的囚徒们在一定程度上是知道存在监视者的。无论何种说法,囚徒们所处的环境对监视者而言都是透明的,他们能够清晰地掌握囚徒们的一举一动。在当前的信息社会,每位用户在数字终端上的浏览痕迹、跳转路径、消费记录以及其他各种动作都被以不同的形式存储和保存了下来,构成了所谓的大数据的一部分。这其中绝大部分数据是无意义无价值的,它们根本不会被谁注意到,淹没在了浩浩荡荡的数据洪流之中;但是越来越多的机构——无论是出于商业目的还是政治目的——正在开发各种各样的算法激活大数据中所蕴含的巨大价值。借助算法,我们在大数据的海洋中淘洗到了美丽的贝壳,甚至还发现了闪闪发光的珍珠,那就是数据中所蕴含的关于用户个人的基本情况、兴趣偏好、价值观念、消费需求乃至政治倾向等有助于对用户行为进行预测、引导和施加影响的重要信息。例如,2018 年 3 月引起全球互联网用户极大关注的脸书数据门事件,事件的主角"剑桥分析"公司就涉嫌窃取超过 5,000 万条脸书用户的个人数据,并在此基础上利用数据挖掘工具和算法推荐系统来操纵美国大选及英国脱欧的投票。

尽管我们不能认定是算法操纵甚至决定了某些重大的公民决策行为,也无法给出算法对公民的政治理念和投票行为究竟产生了多大程度的影响,但有一点是明确的:算法能够从我们遗留在网络上的数字踪迹中挖掘出更丰富的具体到每一位用户的各类信息以服务于其商业目的或者其他目的,这其中当然包括大量的用户隐私。在这种数据可以被实时收集、存储和挖掘的语境下,波斯特从福柯的"全景监狱"出发,指出"今天的传播环路以及它们产生的数据库,构成了一座超级全景监狱,一套没有围墙、窗子、塔楼和狱卒的监督系统"①,我们每个人则成为这个超级全景监狱中的"囚徒",尽管其中的绝大多数人并没有时时刻刻自发地感知到这种"监视"——当然,监视也不是时时刻刻都存在——但这种由数据、算法和传播权力编织起来的监视与被监视、传播与被传播、操纵与被操纵的虚拟关系确实产生着相应的影响。客观而论,直到目前为止,每年都有层出不穷的数据泄露事件和隐私侵权事件,但用户并不知道自己的隐私会如何被侵犯,被侵犯到何种程度,因为数据和隐私这样的概念对用户而言太抽象了,除非有具体且恶劣的行为严重伤害到了他们,否则他们就会觉得无关痛痒,更何况,"他们与那些掌握并利用甚至可能出卖他们的隐私数据的公司之间,天然是不平等的。在缺乏对自己数据的知情能力的情况

① 波斯特.信息方式[M].范静哗,译.上海:商务印书馆,2000:127

下，隐私保护也就无从谈起”[①]。

但或许我们也不能因此而彻底悲观甚至陷入绝望，情况可能没有我们想象的那么糟糕，甚至还有可能是很多悲观主义的研究者杞人忧天般地多虑了。比如《福布斯》杂志曾经就专门针对隐私撰文指出，“小孩子就是不在乎，或者不理解老一代人所指的‘隐私’一词的意思……70%的千禧一代说没有人有权接近他们的数据或线上行为；但51%的人说，如果能被告知，他们愿意共享信息”[②]。Liana Brüseke[③] 就千禧一代和婴儿潮一代对在线购物行为中的隐私认知情况进行的对比研究也在一定程度上支持了上述说法，不同时代的人群对待数字世界中的隐私问题持有不同的态度和观点。

当然，年轻人对个人数据和隐私持有更加开放和乐观的态度是完全可以理解的，他们是信息时代的互联网原住民，他们更容易认可和支持数据共享行为，他们也还没有受到太多因为隐私泄露而产生的各种困扰，而且，任何一个国家、任何一个时代的年轻群体总是相对于年老群体对新出现的事物和问题保持激进态度。但这也并不一定就意味着年轻人一点儿都不关心他们的数据安全和隐私风险，例如Brien 等人的研究就发现，其实聪明的千禧一代非常清楚社交网站中的低隐私设置所存在的风险，并主动采取了一些保护措施以防止自己信息的泄露。[④] 更何况，随着年龄的逐渐增长，很多年轻人不怎么关注隐私问题的状况还极有可能发生根本性的变化，谁会真的希望在看似匿名、自主、安全的网络环境背后有一双甚至无数双眼睛盯着自己看呢？互联网领域一直引以为豪的共享思维和共享技术塑造了年青一代的思想和行为，使得他们更愿意分享从经验到知识、从数字产品到实体产品等所有非独占性的东西，但这不是说他们愿意分享所有的一切，或许他们缩小了自己所认为的隐私应该涉及的范围，但他们肯定不会放弃隐私权。“数字化技术能使隐私侵犯更加绝对化，结果它威胁，甚至破坏了我们大家晚上带回家的‘真正的自

① 彭兰.假象、算法囚徒与权利让渡：数据与算法时代的新风险[J].西北师大学报(社会科学版)，2018，55(5)：20-29.

② 爱德华.数字法则：机器人、大数据和算法如何重塑未来[M].鲜于静，宋长来，译.北京：机械工业出版社，2016：179.

③ BRÜSEKE，L. The influence of privacy perceptions on online shopping behavior：a comparison between millennials and baby boomers[EB/OL].(2021-08-21)[2021-10-02].https://essay.utwente.nl/70179/.

④ S-O'BRIEN L，READ P，WOOLCOTT J，et al. Understanding privacy behaviors of millennials within social networking sites[J]. Proceedings of the American society for information science and technology，2011，48(1)：1-10.

我’。在持续不断的监控下,我们的行为不像是我们自己的,我们有时甚至不是自己,我们会尽力掩饰自己,希望避免超级牢固的刺网的监视。”①现在,这种监视、诱导以及操控行为正在把并非我们真正需要的信息和商品推送给我们,正在从更深层次改变我们的对世界的认知、态度乃至行为,因为它看见了我们,所以它能预测、影响甚至改变我们的想法和做法。而我们中的大多数,却看不见、听不到也感知不着它的存在。

第四节　算法改造视野:通往多元之路?

“算法对人是有目的倾向性的。例如,在决策支持系统中的算法,即通过某些预定的标准对一组备选动作进行排序来帮助决策者作出更好的决策。虽然算法在设计的阶段不会对人产生影响,但是在算法设计刚开始时就已经负载价值,只不过价值要在算法的应用阶段实现。”②这种倾向性表现在今天的新闻传播领域就是根据用户的个人兴趣偏好向他们提供个性化的商品、广告、资讯和娱乐服务。随着越来越多的互联网企业将这种个性化算法推荐的方式应用到为用户提供信息服务的不同场景之中,用户也越来越明显地感觉到算法的无处不在,他们在算法提供的各种选项之中汲取信息、数据、内容、知识乃至智慧,但随之而来的除了表面的繁华热闹,还有很多更深层次的困扰和担忧,最典型的就是对“信息茧房”“算法垄断”的讨论。“这种个人日报式的信息选择行为会导致‘信息茧房’的形成。长期处于过度的自主选择中,失去了解不同事物的能力和接触机会,不知不觉间为自己制造了一个‘信息茧房’。”③

事实上,算法推荐所造成的“信息茧房”问题的确是客观存在而且是不容忽视的,例如今日头条曾经一段时间以非常高的频率向用户推荐某一话题、某一人物、某一时间或某一类型相关的资讯,这在很大程度上造成了用户的不良体验和强烈反感。这是一种用户能够感知到的“信息茧房”正在形成的过程,这个过程引起了用户的不适、抗拒乃至冲突,因为这种频率和密度带来了某种压抑感甚至窒息感。事

① 爱德华.数字法则:机器人、大数据和算法如何重塑未来[M].鲜于静,宋长来,译.北京:机械工业出版社,2016:179.

② 郭林生.论算法伦理[J].华中科技大学学报(社会科学版),2018,32(2):40-45.

③ 喻国明.“信息茧房”禁锢了我们的双眼[J].领导科学,2016(36):20.

实上，这只不过是推荐算法在其初级阶段的拙劣表现，更优秀的算法已经能够做到根据对用户实时数据的分析向他推荐更符合他所在场景的个性化信息而不致引起用户反感，但这并无法改变"信息茧房"的本质，而是进一步强化了"我所看到的，都是我想看到的"这一现象，而那些不想看到的都已经在被推送给用户之前就被算法屏蔽在所有可选项之外了，用户需要做的只是从众多想要看的内容中选择此时最想看的那个而已。

长此以往，"这种'信息茧房'导致的信息偏食往往使人局限在个体以及相似群体的行为活动中"[①]，还会"使个体独立选择与思考的空间不断缩小，个体在算法推荐的渗透下逐渐失去自我的决断权，这种信息偏向使受众的视野逐渐变得狭窄，逐渐成为信息时代的井底之蛙"[②]。当一个人长期沉浸在算法为自己打造的媒介环境中时，他对那些与自己价值观和兴趣点不一致的多样化的信息就会接触得越来越少，这有可能导致他不情愿或者根本没有办法主动走出"信息舒适区"，从而进一步禁锢了自己的视野、束缚了自身的成长。事实上，与"信息茧房"类似的问题由来已久，早在19世纪，法国思想家阿历克西·德·托克维尔就在其风靡至今的社会学巨著《论美国的民主》中提到过类似的观点，他的发现是民主社会更易于促进个人主义文化的滋生、形成和发展。受托克维尔的启发，哈佛大学法学院教授桑斯坦在《网络共和国》一书中发展了这一观点，并直接指出了网络时代的信息爆炸看似给用户带来了更多的资讯和更民主的选择，但实际上它蕴含着对多样化生态和民主化选择的巨大破坏力量，从而使人失去接触和了解不同事物的能力和动力。但也有另外的观点认为，"信息茧房"是一种必然现象，过分担心它可能对信息生态的多样性造成巨大破坏是没有太大必要的，因为一直以来用户都是处在"信息茧房"之中的，而不是直到推荐算法出现之后才这样的。在传统媒体背景下，用户是通过自主浏览报纸、电视和广播的方式来选择自己想获取的信息；在PC互联网环境下，用户是借助搜索引擎这样的工具来筛选和过滤他所查找的信息和商品；在移动互联网场景下，用户则利用人工智能、深度学习、数据挖掘等技术塑造的推荐系统来获取相应的内容产品。尽管表面看上去随着媒介的不断进化，用户的主观能动性和选择多样性变得越来越低，但直到目前并没有客观可靠的数据来支撑这样的论断。

---

① 王秋旭.信息茧房效应下微博群体极化现象分析[J].新闻研究导刊，2015，6(7)：177-178.

② 陈昌凤，张心蔚.信息个人化、信息偏向与技术性纠偏：新技术时代我们如何获取信息[J].新闻与写作，2017(8)：42-45.

无论是传统大众媒体时代，还是PC互联网、移动互联网时代，用户所获取的信息，都在很大程度上受到了“算法”的左右，只不过不同的媒介技术语境下的“算法”各不相同罢了。大众传播时代的编辑分发算法，更多的是编辑作为“把关人”对什么样的信息应该呈现在受众面前进行一种经验主义的主观“计算”或判断，从而把他们认为适合受众看到的信息通过报纸、电视等方式“推荐”给了受众；PC互联网则是利用搜索引擎的排序算法把它认为最符合用户输入的那个关键词的信息以优先劣后的方式“推荐”给用户；移动应用场景下的各类App因为能够采集和挖掘更多样化的用户数据，因此能够结合大数据技术、人工智能技术和机器学习技术不断优化其推荐系统，以向用户匹配更符合具体场景下的信息。所以，媒体编辑分发、搜索引擎分发和推荐引擎分发三种信息分发方式虽然其“算法”有所不同，但它们的本质都是相同的——为用户过滤掉那些与他们无关的或者他们不感兴趣的信息。在这个意义上，凡是媒体，都会形成“信息茧房”。更进一步地，对于用户而言，媒体编辑个人的判断标准是一种“信息茧房”，搜索引擎的排序算法是一种“信息茧房”，推荐系统的推荐规则也是一种“信息茧房”，而更难以冲破的信息茧房则是用户个人的世界观、价值观、人生观，是“三观”决定了用户会在媒体编辑分发、搜索引擎分发和推荐系统分发之后的所有信息选项中选择阅读或消费什么样的信息产品。

在一定意义上，不同的媒体进化阶段和信息分发模式之间的确存在较大的思维方式和操作方法的差异，但在“信息茧房”这个视角下，并不意味着编辑分发时代用户获取信息和消费信息的多样性就高于移动互联网时代，而由于移动互联网赋予了信息快速扩散和网络化传播的可能性，它反而使得海量用户能够有机会在较短的时间内获取到一些在大众媒体时代被“把关人”过滤掉的重要信息，这在一定程度上也增加了信息来源、舆论观点和价值选择的多样性。目前来看，冲破“信息茧房”的关键有两点：一是从当前的各类算法着手，对用户数据进行挖掘和洞察，在“用户真正需要什么信息”和“用户此时想要什么信息”之间进行综合平衡，提升算法推荐选项的多样化，“媒体算法追求信息的精准分享，这样的设计理念并没错，前提是信息分享的方式是构建个体化的信息分享模式还是构建多样化的信息分享模式”①。二是激发用户在信息选择方面的主观能动性，主动走出“信息舒适区”，明确自己真正需要什么样的信息，利用不同方式来获取不同的信息，而不是单纯地依赖某一类媒

① 刘海明.媒体算法的价值纠缠与伦理误区[J].湖南师范大学社会科学学报，2019，48(1)：32-41.

体、某一款应用或者某一种算法。

第五节 结语

媒体的智能化和算法化是一种巨大的力量，它给传媒产业和传播研究带来了源源不断的红利，但它也的确给当前处在转型中的媒体传播领域和中国当下的文化、经济、社会乃至政治造成了诸多的难题。无论是机遇还是挑战，都强烈地冲击着现有的信息生产模式、内容消费方式、生活工作状态、传播伦理观念和社会管理制度。现实的情况是，面对已经来临的智能媒体社会，我们唯一的选择是接受它、拥抱它、完善它和成就它，很显然，媒介的演化过程是不可逆的，几乎很少有人会愿意回到只有传统四类大众传播媒介的20世纪。尽管如此，我们在享受智能媒体带来的所有红利的时候也必须学会质疑，对它有可能给整个行业乃至整体用户带来的困扰、威胁乃至伤害进行全面的思考和妥善的处理。

今天，“在一个媒体和代码无处不在的社会，权力越来越存在于算法之中”①，怎样对待这些算法以及算法权力，将直接决定着我们对当前媒体领域所出现的各类问题的价值取向和处理方式。“如果没有算法，我们的生活将会大不一样，很有可能远不如现在，但这并不意味着我们无须考虑这些问题。在某些答案似乎唾手可得时，我们更应该小心谨慎。”②因此，除了对技术理性怀有必要的敬畏之心，更重要的一点就是在运用这些权力的时候要保持强烈的人文关怀——技术理性是可以不存在价值判断的，但是人文关怀必须要在处理技术带来的社会问题之时有着明确的价值取向，那就是——科技向善，算法向善，权力向善。

重要术语

技术性失业　算法奴隶　算法偏见　全景监狱　信息茧房

① LASH S. Power after hegemony: cultural studies in mutation? [J]. Theory, culture & society, 2007, 24(3): 55-78.

② 吴军.算法时代:新经济的新引擎[M].北京:中信出版社,2016:225.

思考题

1.智能算法给我们的生活带来哪些变化？

2.你如何看待技术性失业这种现象？

3.你认为算法是中立的吗？为什么？

4.智能算法中存在哪些伦理问题？我们该如何面对？

5.你如何看待“信息茧房”？你认为对于“信息茧房”我们有哪些应对方式？

第十章 算法偏见：隐喻、黑箱与元算法

在今天技术狂热、数据掘金和智能至上的浪潮之中,程序开发者、数据分析员和算法工程师的声音在社会管理领域和学术研究领域都已经以显著性的优势压倒了人文主义者的声音。在新闻传播学科的研究和实践过程中,这种趋势也日益明显。其中,算法作为技术理性的典型象征,在当前的计算传播学、计算广告学和计算新闻学等领域被寄予厚望,研究者和从业者都期待着以算法本身的量化手段和客观特征来建立一种全新的思维逻辑和传播秩序,从而弥补经典新闻传播学研究的不足,并进一步重构新闻传播学科的理论基础和产业格局。“人工智能的技术本质是算法,而算法的社会本质则是一种权力……这种权力不仅代表了原有权力格局在新时代、新领域的延伸,在某种程度上甚至破坏或超越了原有的权力格局,造成传媒领域的原定权力的大转移,给新闻业带来颠覆性的变化。”①“原属专业记者和编辑的诸多职权,如新闻线索发掘、内容生产、评论引导乃至编辑发布等,已被越来越多地让渡给算法。凭借技术层面的不断优化,算法的应用场景和权力范围也在不断延伸和扩张。”②诚然如斯,数据科学家和算法工程师试图通过把人视为“可分解的动物”的思维逻辑将人类的传播动机、传播行为和传播过程数据化、程序化和可预测化,在这个过程中,我们也更倾向于认为算法会中立地、高效地、诚实地甚至死板地遵循设定好的运行机制,以最大化地实现用户、内容、场景、广告等传播要素的精准乃至完美匹配。然而,算法真的能够做到百分之百的中立和客观吗?事实上并非如此,在讨论这个问题的时候,算法偏见(algorithmic bias)恰恰为我们提供了一种新的视角。

第一节 算法偏见是社会偏见的技术写照

“如果说在原子时代对人起决定作用的是生产方式,那么在比特时代对人起决定作用的则变成了思维方式……算法是思维方式的技术基础,有什么样的技术基础,就

① 喻国明,杨莹莹,闫巧妹.算法即权力:算法范式在新闻传播中的权力革命[J].编辑之友,2018(5):5-12.
② 张淑玲.破解黑箱:智媒时代的算法权力规制与透明实现机制[J].中国出版,2018(7):49-53.

有什么样的思维方式。”[①]这也就意味着，算法本身哪怕出现微小的问题，也会直接影响到用户的思维方式甚至产生更严重的社会影响。算法偏见就是算法本身存在的问题之一，尽管很多算法表面上看被设计得非常中立，它所得出的结论或者推荐的内容看上去也非常中立，但它所带来的偏见却是非常微妙甚至隐秘的。美国法院的程序化宣判系统由于训练数据的问题会倾向于判黑人更长时间的刑期，由算法作为评委的选美比赛选出的获胜者中亚洲人和非洲人微乎其微，而那些看上去非常友好的个性化推荐系统向女性推荐的工作比向男性推荐的工作薪酬要低，Twitter 的一款聊天机器人在受到了某个用户社区的影响之后演变成了种族主义者……越来越多的案例正在向我们证明一个事实：算法并不是中立的，算法并不是客观的，算法并不是没有价值观的。相反，在中立、客观、不存在价值观这样的技术理性表象之下，算法对于整个世界的认知、分析和预测都存在着或多或少的偏见。很多时候，我们因为担心人类的偏见而过于相信算法的公正，这本身就是一种极大的偏见。但是我们忽略了一个显而易见的事实：尽管算法有可能在它正常运行的时候不带任何偏见，但任何算法都是由它的设计者编写和塑造出来的；算法可以没有价值观，但人不会；算法可以没有偏见，但人不会。

“由于算法设计者自身有意或无意的偏见造成算法设计出现偏差……算法设计者在算法设计中居于核心地位。对问题的理解、对数据的选取、对变量的选择、对算法的综合评价等都贯穿着人为因素。当然即便算法设计者力求做到客观、公正，其无意识的认知偏见也会通过算法设计中对标准的选择体现出来……既然算法是由人设计的，那么算法不可能比算法设计者更客观。算法不可避免地会反映出设计者对周遭事物和问题的认识。”[②]算法的设计者在写入代码的时候、创建数据模型的时候、制定推荐规则的时候、训练机器学习的时候，都会有意无意地把自身所持有的偏见加于算法之上，并影响到今后算法对数据的选取、对价值的判断和对信息的推荐。这意味着，算法设计者的价值观和偏见有可能会体现在他们所研发的算法中，例如，如果我们全部用白人的照片来训练人脸识别的算法，那么经过长时间的数据训练之后它就有可能在遇到日本人或者南非人的时候不把他们归为“人类”。“某个人即使表现出明显的偏见，他也只会影响少数人，而算法则有可能影响成千上万的人。”[③]如果所有的算法都

① 姜奇平.算法时代：新经济的新引擎[M].北京：中信出版集团，2016：XI.

② 张超.作为中介的算法：新闻生产中的算法偏见与应对[J].中国出版，2018(1)：29-33.

③ 多梅尔.算法时代：新经济的新引擎[M].胡小锐，钟毅，译.北京：中信出版集团，2016：139.

存在这样那样的微小偏见，那么这些微小偏见累加起来所造成的负面影响将会是巨大的。

美国佐治亚理工大学的科技史学家梅尔文·克兰兹伯格教授提出了著名的科技六定律，第一定律指出“科技既无好坏，亦非中立”，第四定律指出“虽然技术可能是引发诸多公共问题的主因，但非技术因素在技术政策决定中占据主导”①。事实上，技术工具作为一面镜子，其本质是人类自身的某种隐喻，大量有关算法偏见的案例都指向一个相同的问题：究竟是算法出现了问题，还是算法的设计者出现了问题？从技术上讲，算法是忠实地按照它的设计者设定的程序在运行，这种所谓的“忠实”并不意味着“中立”。所以无论是从理论逻辑上还是从实践层面上，算法偏见所反映出来的基本问题是：算法之所以有偏见不是技术本身存在偏见，而是社会本身以及社会中的人类本身存在偏见。算法无法将很多具有情感、观念和文化色彩的非中立性事物与类似空气、水、土壤等客观实在分离开来，它唯一能够做的就是按照它的设计者所设定的规则来运行。国内学者胡泳也明确认为，技术绝不像表面上看起来那样中立，因为它是有方向性的，它通过增加选择或者改变过程而指向某种特定的方向。② 其实，算法偏见在某种程度上是社会偏见在技术层面的真实写照，也正因此，我们不得不认真地反思这个问题。

对用户而言，算法本身就像一个从外面完全无法看清内部结构的黑箱，“这些数学模型正日益在更大的程度上影响着我们的生活，但它们却像上帝一样隐晦不明，只有数学家和计算机专家才了解模型是如何运行的，尽管模型运行的结果往往不利于穷人并令富人更加富有，人们对此却毫无争议”③。是的，用户每天使用百度进行搜索、使用今日头条进行阅读、使用微信进行社交、使用优酷观看视频……所有的信息传播和媒介消费行为几乎都在与各种各样的算法打交道，尽管他们的行为确凿无疑地受到了算法的影响，但他们本身并不清楚算法推荐的内容是否有偏见、歪曲、诱导、操控等非客观、非中立的因素隐含在其中。在今天的后真相和泛娱乐的环境下，所有的新闻机构、视频网站、内容平台都在试图通过所谓客观中立的算法来扭转公众的信任危机，但算法貌似没有真正摆脱人类的偏见，反而在一定程度上成了人类偏见的助推者。更

---

① KRANZBERG M. Technology and history:“kranzberg's laws”[J]. Technology and culture. 1986: 544-560.

② 胡泳.技术并不中立，而有特定目的：重新思考数字化之五[EB/OL].(2021-07-26)[2021-08-21].https://mp.weixin.qq.com/s/XAzXfNJDOAQkDR2XUiFrnA.

③ 段伟文.数据智能的算法权力及其边界校勘[J].探索与争鸣，2018(10):92-100,143.

严重的问题是,对于有些更加高级的算法,或者利用深度学习自身不断完善的算法,由于其本身结构的复杂性,以致当初的算法设计者也像普通大众一样无法完全厘清其全部规则和逻辑。长此以往,算法偏见将会愈演愈烈,如果不能有效地处理,它就有可能会被永久性地编程到人机共生的未来社会,从而产生某种不可逆的毁灭性效应。

第二节 算法在不同环节可能产生的偏见

尽管有些人文主义立场的学者已经意识到了算法偏见可能会造成的社会问题,但有些人工智能领域的从业者有意无意地试图忽略或遮掩这一事实,为了已经开启的智能时代更加良性有序地演进下去,我们必须以严肃的甚至敬畏的心态来讨论算法以及算法偏见。不容回避的问题是:人类一手设计和创造出来的算法世界,在很大程度上反映、复制甚至强化了人类世界本身就存在的偏见,并有可能在人类的有意无意间形成新的偏见。而且,算法偏见并不仅仅是一种特定的表现形式,它可能以各种各样的类型充斥在我们与信息打交道的每一个角落,并造成各种各样的问题。正如马克·布尔金在其《信息论》的前言中所强调的那样,“信息充斥在我们周围,也存在于我们的体内,我们的感觉器官收集它,我们醒着的每一秒,我们的大脑过滤、组织和处理信息,信息使得我们的生活成为可能”①。今天的情况比布尔金所描述的还要复杂很多,我们不但要考虑到各种各样的算法对信息的生产和再生产、加工和再加工、传播和再传播的影响,还要考虑到各种各样的算法偏见对信息的生产、传播和消费造成的影响,它们像空气和水一样充斥在与信息相关的各个环节,而我们用暗含着偏见的算法来过滤、组织和处理信息,各种各样的算法使得所有用户能够在信息超载的环境下没有被压迫感,而各种各样的算法偏见则以非常隐蔽的方式对现实世界中存在的社会偏见进行着再生产。

一、算法设计环节的偏见

事实上,计算机科学从起步至今都在想尽办法向一个目标努力,那就是:让计算机按照人类大脑的核心算法进行思考,探索大脑采用的核心算法,将计算机变为人脑。

① 布尔金.信息论:本质·多样性·统一[M].王恒君,嵇立安,王宏勇,译.北京:知识产权出版社,2015:1.

"艾伦·图灵在他1950年的论文《计算机器与智能》(*Computing Machinery and Intelligence*)中提出了这个目标,还设计了今天有名的图灵测试来确认某一人工智能是否能达到人类的智力水平……(冯·诺依曼的《计算机与人脑》)这部作品是最早从数学家和计算机科学家的角度对人脑进行的严肃探究。冯·诺依曼应用计算通用性的概念得到的结论是:尽管人脑和计算机的结构不同,但仍可以认为,冯·诺依曼机可以模仿人脑对信息的加工过程。……大脑极大的可塑性使得我们能够进行学习。但计算机的可塑性更大,通过改变软件就可以完全重建它的工作方式。因此,从这点上看,计算机可以仿真大脑,但反过来则不然。"①这意味着,如果计算机是在模拟人脑的算法运行,那么它既有可能模拟人脑的优点也完全有可能模拟人脑的缺点,这一点就在根本上决定了,人类在最初设计算法这个事物本身所模拟的对象的时候,就注定会将它模拟对象所存在的偏见继承过来。因为大脑本身除了理性的因素,还有很多非理性的成分,而偏见恰恰就与这些非理性的成分相伴相生。计算机领域的先驱者们当初所设计的算法进化的方向,使它不可避免地与偏见相遇,这样的情况适用于所有算法。具体到某个算法,其程序员或工程师在设计这个算法的时候,对算法法则、数据选择、结果输出、价值判断等方面的初始设定,都在一定程度上反映了他们自己看待这个世界的视角和观点,他们的刻板印象和个人偏见会影响到他们对算法的设计,为什么选取某个维度的数据而放弃另外一个维度的数据,为什么是月收入3,000元以下的人群被界定为穷人而不是5,000元以下的,为什么身上刻有文身的人会被假定为犯罪可能性较大的人……这些尽管可能会有一定的历史数据支撑,但算法的设计者应该在编写算法的时候就深刻地意识到自己的人生经历所形成的数据导致的结论本身就有可能存在一定的偏见,即便在过去不存在偏见,也没有任何人保证它在未来不产生偏见。今天的算法大行其道,它为用户推荐信息、导航方向、寻找工作、诊断病情,然而它的开发者在设计这个算法的时候却很少受到监督,怎样避免这些人的偏见进一步渗透到算法中成为影响整个社会的偏见,如何为算法设计者设定相应的道德标准、社会责任和法律框架,成为一个亟待探讨的话题。

二、算法运行环节的偏见

算法的运行过程是一个获取数据、筛选数据、分析数据、阐释数据的过程,计算机

① 库兹韦尔.人工智能的未来[M].盛杨燕,译.杭州:浙江人民出版社,2016:184-185.

科学发展到今天，算法运行的基本逻辑与当年最著名的图灵机运行逻辑是基本一致的，都是“一部通过逻辑构建的机器，有着想象的纸带、任意的符号。它拥有无尽的时间和无限的记忆体，能完成任何可表示成一系列步骤或运算的工作”①。表面上看，算法运行环节并不太可能会产生某些偏见，它只是按照既定的程序输入数据并输出结果而已。数据是算法得以运行的基本生产要素，也是算法要加工和处理的主要对象。对大多数算法来说，它们只不过是按照被设定好的规则来工作就可以了。理论上讲，如果规则本身没有偏见，那么算法得出的结果也应该没有偏见。但这里我们却非常容易忽略数据这一基本生产要素。“从根本上说，大数据就是运用数学、统计学和科学的计算法则来对极其庞大的数据进行解读。”②这里的计算法则就是算法，大数据是算法加工的主要对象，算法是激活大数据的主要工具，如果输入的初始数据是存在偏见或者存在导致偏见产生的可能性的，那么算法最终输出的结论或者结果就有可能存在偏见。这里有几种典型的“数据驱动的偏见”类型，比如数据选择导致的算法偏见、数据分布导致的算法偏见等。“选择偏见”是指用来训练某个具体算法的那些数据本身在一开始被选择的时候就存在一定的倾向性，比如我们在训练招聘算法的时候只选择使用男性的简历数据来训练它，经过一段时间的深度学习之后，算法对女性求职者就会产生一定的偏见，在筛选简历的时候就会对男性求职者有利并牺牲女性求职者的切身利益。再如，如果训练某个算法所选择的数据中，男性的职业都是 CEO，而女性的职业都是秘书，算法就有可能得出女性更适合做秘书这样的助理工作而非 CEO 这样的领导管理工作的结论。数据分布的不均衡现象也非常容易导致某种算法偏见的形成。例如在城市管理过程中，本地户籍居民的数据有可能会远远高于非本地户籍居民的数据，中产阶层和富人的数据有可能远远高于底层穷人的数据，这种数据分布的不均衡在输入算法之后也就非常有可能导致算法输出的结论是有偏差的甚至是错误的，经过一定时间的强化之后它就会形成一些对于不同社会阶层的偏见看法。今天的算法无论在广度还是在深度方面都已经远远超出了当年的图灵机，尽管其基本原理并无变化，但借助深度学习的技术，算法已经完全可以在大数据的基础之上创建更多的相关性及规则而实现自我教育和自我进化，我们希望它能够超越人类并发现大数据中蕴含着的新模式和新机会，但我们同样害怕它所赖以发现新模式和新机会的数据本身存在

① 格雷克.信息简史[M].高博，译.北京：人民邮电出版社，2015：249.

② 苏达克.数据新常态[M].余莉，译.杭州：浙江人民出版社，2015：62.

各种各样的问题,以及我们不知道它怎样挖掘这些数据并从中得出结论、做出决定。

三、算法交互环节的偏见

交互偏见是指算法或使用了各类算法的计算机程序、应用、软硬件等在与用户的交互过程中,由于算法、用户、外界环境以及其他各种可能的原因导致了偏见。事实上,尽管算法会严格地按照设定的初始原则运行,但当算法通过深度学习的方式不断与用户进行互动的时候,它并不能决定用户会输入哪些数据,也完全不清楚用户输入的这些数据哪些是正向的、哪些是负向的,它只能利用用户和外界环境所提供的数据进行深度学习。这也就意味着,如果交互过程中算法所互动的对象提供的数据存在严重的问题,就会非常容易导致原本没有偏见的算法在深度学习之后也产生了偏见,并可能进一步产生比较严重的恶果。“我们控制不了自己造出来的怪物了……高度复杂、几乎无人理解的 AI 系统,在更广泛的技术生态环境下,跟其他系统产生了不可预知的相互作用,失误以计算机的处理速度发生,人工干预几近徒劳。”①例如,微软开发的人机交互算法应用 Tay,在刚刚登陆 Twitter 与用户进行互动的时候,表现得文质彬彬、活泼健谈,喜欢观察包括基本信息、兴趣爱好、情感动态等在内的多维数据,自拍、点赞、评论无所不会,游戏、故事、星座无所不通。但上线还不超过 24 小时,这位聊天机器人经过深度学习之后就像变成了另外一个人:出口成脏、言谈低俗甚至夹杂着各种各样的歧视偏见和种族主义倾向,于是微软果断地强制下线了这位聊天机器人。从理论和技术上来讲,我们并不能把这种算法的交互偏见成因全部推到算法身上,事实上与它交互的用户群体和外部环境对此难辞其咎,算法只是真实世界的一种客观反映。“与人类交流越多,具有极强学习能力的机器人就会变得越聪明,在与人类个体交流时也会越有针对性。而这正是微软设计 Tay 的初衷:通过每一次与人类的交流,让机器学习‘做人’,并帮助其创造者改进人工智能领域的研究。但显然,Tay 太容易学坏了。由于不少人在互联网世界中表现得不负责任,Tay 会不可避免地接触到大量疯狂语言。而这类对话型人工智能技术,正是以机器学习为基础的。因此,即使微软希望‘用技术展现人性最好的一面,而非人性的阴暗面’,Tay 在学习过程中仍会提高

---

① 巴拉特.我们最后的发明[M].闾佳,译.北京:电子工业出版社,2016:100.

这些语言的优先级，并在对话中也积极使用这些词语。”①诚然，人类所设计的算法会通过与人类的互动不断提升自己，这种深度学习的初衷是希望算法能够与人类进行更良性的互动，但当它学习的对象充满偏见时，那么学习的结果也非常有可能以更加糟糕的方式反馈给人类。

第三节　用户惰性和算法黑箱不应成为借口

算法作为降低误差、提升精准、优化效率的工具，在技术革命和现实需求的双重驱动下，正在重塑着人类社会的方方面面，而且它对很多层面的改造是不可逆的。就像人类再也不愿意回到没有智能手机的年代一样，我们也同样不愿意回到没有个性化推荐引擎和智能化算法应用的年代。尽管客观上的的确确存在着各种各样的算法偏见，但人类要做的不应该是抵制、放弃或者禁用它。恰恰相反，我们不但已经深刻地认识到算法对这个世界带来的巨大价值，而且还要继续在更多的领域让它发扬光大，与此同时必须要做的就是：运用多重手段避免算法产生偏见，赋予技术正向的价值。对用户而言，算法的根本价值在于人生中凡是涉及多种选择的问题，我们都可以借助算法的数据化呈现、智能化分析和个性化推荐来作为某种参考，久而久之这种参考本身就成了大多数用户最后的决策，毕竟算法能够让用户在信息超载的复杂环境下轻松快捷地完成他的分析和决策过程。用户愿意把决策权交给算法，一方面是基于对算法客观性、中立性的所谓“技术理性”的信赖，尽管绝大多数的算法并没有办法真正实现这一点；另一方面是因为用户本身的思维惰性，如果更具有主动权的分析和决策需要耗费用户大量的时间才能完成，那么他们宁愿选择放弃这种主动权，或者把这种权利让渡给算法由它来为用户完成，而他们自己只想得到一个结果。后者而非前者才是大多数用户选择使用算法的主要驱动力，甚至很多用户明明清楚有些算法无法做到纯粹的技术理性，还存在着这样那样显而易见的问题，但他们依然愿意使用这些算法并愿意接受算法推荐的结果或结论。用户的逻辑在于：我知道不同的研发者、不同的公司有着不同的价值理念，这些价值理念的确会影响到他们所研发和应用的算法工具甚至进一步形成一定的算法偏见；但是作为用户的我们自身不也是由种种偏见所构成的有机体么？甚至人类用户本身的偏见要远远高于存在于算法中的偏见；此外，作为用户的我

① 郭爽.微软聊天机器人为何会学坏[N].光明日报,2016-04-08(10).

们所赖以分析和决策的数据、理念和工具又有多少是不包含偏见的呢？因此，既然无法依靠自身的能力获得更加理性的最优结果，那么依靠整体上比人类更少偏见的算法也就不失为一项次优选择。更何况，这些选择更多的情况下只不过涉及应该阅读哪一篇新闻、要不要点击网页上的这则广告或者是不是购买系统推荐的某件衣服，而并非真正涉及报考哪所大学、应该与谁结婚或者并购某家企业是否有意义等重大问题。即便真的遇到这样的重大问题，有很多人不也是毫无依据地就匆匆作出了决定么？他们所做出的种种决定未必比算法有更多理性或更少偏见。

用户的这种思维惰性不但很好地解释了他们为什么明知算法存在偏见却还愿意接受并使用存在偏见的算法，而且能够给我们一个新的视角去看待与算法偏见密切相关的算法黑箱问题。所谓的算法黑箱，就是算法“根据既定的语法和句法规则，经过半自动或全自动的自然语言生成，将输入的数据整理成一定的结构。这一阶段所涉及的技术繁杂且用户无法了解或得到解释，因此也被称为算法‘黑箱’”①。算法黑箱实际上就是在数据输入与结果输出中间的那个阶段，这个阶段由于其本身高度复杂而不为广大用户乃至很多技术人员所了解。这种情况导致的结果就是，我们只能够了解到前面的数据输入和后面的结果输出，但是对于从数据输入到结果输出的过程、取舍以及为什么这样的数据输入会得到这样的结果输出这些问题却一头雾水。那么算法黑箱的存在会不会导致偏见产生呢？这实际是上文探讨的算法运行环节中的一个关键问题。上文探讨了在算法设计环节、算法运行环节和算法互动环节中可能产生的种种算法偏见，探讨的对象主要是算法本身。

而本节中无论对思维惰性还是算法黑箱的探讨，都更多聚焦在了用户的视角上，尝试解释为什么用户能够容忍甚至接受算法偏见。对用户而言，即便是不存在所谓的思维惰性，算法本身的复杂程度也已经远远超出了他们的认知范围，更何况事实上千真万确地存在思维惰性。从理论上讲，用户完全有必要在算法呈现的结果之外，更多地了解与算法相关的设计理念和运行逻辑，并时时提醒自己正在使用的算法是不纯粹、不完全的技术理性，通过算法建构起来的世界有可能是一个充满偏见的世界，而那些不想被我们看见的以及我们不想看见的内容，都已经被算法过滤掉了。但是现实的情况是，用户非但不想，即便想却也无法真正理解算法及其黑箱。“黑箱并不只意味

① 仇筠茜，陈昌凤. 基于人工智能与算法新闻透明度的“黑箱”打开方式选择[J]. 郑州大学学报（哲学社会科学版），2018，5:84-88.

着不能观察,还意味着即使计算机试图向我们解释,我们也无法理解。哥伦比亚大学的机器人学家 Hod Lipson 把这一困境形象地描述为'这就像是向一条狗解释莎士比亚是谁。'"[①]因此,我们越来越多地发现,当下正在影响整个世界的很多算法对于广大的用户而言都是黑箱,有的是诸如脸书、谷歌、腾讯、今日头条这样的开发者不想透露其算法运行的机制,还有的情况则是当涉及深度学习的算法时,它的设计者们自己也早已经被算法搞得晕头转向,更遑论连算法基础知识都不具备的用户了。

从另外一个角度看,如果我们能够确保算法所输出的结果不会造成负面的社会问题,那么在更广泛的大众层面就可以不讨论算法黑箱的话题。然而,恰恰在输出结果这件事情上,算法却常常"犯错误",甚至的确会输出一些带有偏见的结果。例如,美国华盛顿的一位名叫萨拉·维索克吉的教师,尽管其广受本校师生的认可,却因为在政府所采用的自动化教师评价算法中未达标而与其他 205 人一起被解雇,学校也无法解释为什么算法会将优秀的老师判定为不合格。再如,德国前总统克里斯蒂安·武尔夫的妻子贝蒂娜·武尔夫曾经在 2012 年向法院指控谷歌的算法对她本人的名誉造成了重大的伤害,因为用户只要在谷歌搜索引擎中输入她的名字,谷歌的自动补全算法就会在搜索选项中出现一条指向妓女及陪侍行业的搜索项。尽管谷歌的负责人声称自动补全算法生成的搜索选项是算法本身根据海量用户曾经进行过的无数条搜索记录自动生成的,法院还是判决了谷歌败诉。在类似这样的案例中,当事人都可以算法黑箱为借口把责任归咎于算法。

然而,只要对这些问题进行更加深入的探讨,我们就会发现,算法黑箱只不过是个似是而非的替罪羊。真正的问题或者偏见并不存在于算法黑箱之中,而是存在于算法黑箱之外,存在于人类身处的这个社会之中,存在于社会中的每个个体的脑海之中。尽管算法黑箱因其不可知性而让人心生畏惧,但它远没到让人感到可怕的程度。我们真正应该担心的不是算法黑箱,而是那些打着算法黑箱之名在行算法偏见之实的个人、组织甚至相关部门,他们之所以可怕是因为其出发点和动机本身就指向牺牲一部分人的利益而服务于另一部分人,在这一点上技术层面中立的算法及其黑箱是不存在好的或者坏的动机的,它唯一在做的事情就是输入和输出。

关于输入和输出这个话题,计算机领域有一个非常著名的定律叫作"Garbage In,

① 许可. 人工智能的算法黑箱与数据正义[N].社会科学报,2018-03-29(6).

Garbage Out”[①],意思是如果输入计算机的是一堆垃圾,那么它输出来的也是一堆垃圾。“这个定律的首次使用可以追溯到 1957 年 11 月 10 日,它在早期的计算机领域非常流行,但实际上即使在今天也依然适用于很多方面,尤其是在我们使用强大的计算机处理海量的存在瑕疵的数据和信息的时候。”[②]而《自然》杂志在其 2016 年 9 月 21 日讨论大数据算法的社会责任这一主题的主编社论文章中,将上述定律进行了修改,它用了“Bias In, Bias Out”直接表明了对建立在大数据基础上的算法偏见的担忧。“算法偏见的来源有很多,其中一个就是算法的编码规则和数据预设本身就已经反映了现存已久的社会结构,我们把偏见输入算法中去,同时算法也向我们输出偏见。”[③]“人类文化是存在偏见的,作为与人类社会同构的大数据,也必然包含着根深蒂固的偏见。而大数据算法仅仅是把这种歧视文化归纳出来而已。”[④]这就意味着,要解决算法偏见的问题,我们还必须重新回归到设计算法并向它输入偏见的人类社会这个根本源头那里,而不是试图佯装通过打开算法黑箱的方式来避重就轻或自欺欺人。毕竟,真正的问题不是算法,而是人;真正生产偏见、定义偏见、感受偏见和反对偏见的,也不是算法,而是人。

第四节　元算法:一种可能的偏见解决方案

“每一项技术的转换都会涉及个人和机构的安全问题,这些问题已经刻不容缓,也将继续与认知技术发展如影随形。”[⑤]算法是一种选择,选择就意味着舍弃。为什么选择 A 而舍弃 B? 这就涉及价值判断的问题,涉及价值判断就必然或多或少存在这样那样的偏见,哪怕是放诸各个国家都能被接受的普世价值观也仍然有少数人提出质疑。因此,算法偏见不可避免,但是不可避免并不意味着我们应该放弃对它的管理,更何况这种算法偏见在很大层面上也是可以被成功管理的。而事实上,对算法偏见的管理只不过是一个老故事的新篇章,就像我们所追求的社会公平、新闻真相、公民权利是

---

① QUINION M. Garbage in, garbage out[EB/OL].(2021-09-12)[2021-10-01]. http://www.worldwidewords.org/qa/qa-gar1.htm.

② MELLIN W D. Work with new electronic ‘brains’ opens field for army math experts[J]. The hammond times, 1957, 10: 66.

③ More accountability for big-data algorithms[EB/OL]. (2016-09-21)[2021-07-11]. https://www.nature.com/news/more-accountability-for-big-data-algorithms-1.20653.

④ 张玉宏,秦志光,肖乐.大数据算法的歧视本质[J].自然辩证法研究,2017,33(5):81-86.

⑤ IBM 商业价值研究院. IBM 商业价值报告:认知计算与人工智能[M].北京:东方出版社,2016:16.

同样的道理，围绕算法偏见的争论只不过是其中最新的一个热点话题而已，是相信技术能够推动社会进步、促进美好生活的人和害怕它会将我们带入万劫不复的深渊的人之间那一古老争论的延续。与媒体和社会科学领域很多持疑虑态度的人相反，在科学技术领域，追求更好的算法已经成为一个非常广泛的共识，人们普遍认为算法能够做到比人类自身拥有更少的偏见，而且算法本身也有这样的义务和责任去推动一个更公平、更正义、更民主和更高效的社会的加速来临。

所以科学领域的观点不是试图去限制算法在更广泛场景下的应用，而是去拥抱它、使用它、推广它、完善它，同时设计出能够融合人类社会价值和信息技术价值的算法工具。毕竟，在目前的算法逻辑下，每个人还只不过是一个数据点，而并非人类社会逻辑下拥有情感和价值的个体，怎样在计算机的程序化语言世界中将人类需求的多样和情感的复杂等价值判断完全体现出来，还有很长的路要走，甚至这条路永远都不会有终点。但并不能因为“路漫漫其修远兮”，我们就放弃“上下求索”。保持一种良好的探索和反思的习惯，恰恰是身处算法时代的每个公民应有的基本素养，在所有问题都有可能依赖算法提供解决方案的语境下，尝试着提出质疑、提出问题并寻求更好的答案，已经成为一种社会责任，这种社会责任不仅仅需要算法的设计者及相应机构来承担，也需要使用算法的每一个人来分担。而只有在这样的公民积极参与的技术环境下，我们谈论的所谓的算法透明才有其真正的社会基础，否则妄谈透明性问题便是无源之水、无本之木。

事实上，揭开算法黑箱和规避算法偏见在很多时候并不完全只是技术问题，更多的还是文化问题、社会问题、法律问题乃至政治问题。所以除了通过鼓励公民精神推动算法公正，还有另一条路也是比较现实可行的策略：出台相应的法律对算法偏见问题进行明确的界定和规制。算法本身不会趋利避害，但是算法背后的人和组织却会衡量一套算法可能造成的后果以及这些后果为自己带来的多重损益。所以，针对算法、算法偏见、算法黑箱以及与算法相关的其他可能风险制定相应的防范机制乃至法律法规是非常有必要的。

在今天，算法已经渗透到社会结构的各个角落，政府应该着手建立一整套的法律法规体系用以保护每个公民不受算法偏见以及算法可能造成的其他更严重问题的侵害，算法的设计者、所有者、经营者、消费者、使用者各自应该尽到什么样的义务、拥有什么样的权利，在受到算法偏见侵害的情况下谁应该对此负责，相应的惩罚处理措施是什么……这一系列的问题都需要进入立法程序来讨论并确立一种可执行的标准和相应细则。“一旦这些规范进入正式的立法程序，风险管理者就可以依靠法律体系和安全技术来为技术的使用和发展设立限制并创造机遇，同时将涉及的风险最小化。它们将从同一个方向发挥作用，并且都是解决方案的一部分。法律体系和安全技术合起来构成了元技术。”①具体到算法的应用层面，为了避免更多算法偏见造成更大的社会风险，我们应该一方面着手改进现有的算法或者开发新的算法以使它们更符合人类社会对算法安全的强烈需求，另一方面则要针对算法偏见可能带来的社会风险制定相应的法律规范，它们结合在一起构成了更公正、更中立、更客观的“元算法”，这个“元算法”不是某一个具体的算法，而是关于算法的算法，它不仅应该包括用来规范算法的技术体系，而且还应该包括规范算法的研发、运行、使用和封禁的各类基本原则、社会规范和法律体系等一整套的解决方案。

第五节　结语

当然，“元算法”本身也并不是一个可以包治百病的终极算法或者一劳永逸的终极解决方案，但这并不能成为我们放任算法偏见肆虐的借口，毕竟它是目前在我们没有找到最优方案之前的次优选择。事实上，哪里真的有所谓的最优方案呢？算法是一种技术，尽管诺基亚已经辉煌不再，但它那句最著名的“技术以人为本”放在今天仍然应该成为算法时代每个技术相关者的座右铭，而不能以深度学习、技术黑箱、自我进化等为掩饰允许它们放任自流。即使有了“元算法”，也不可能彻底消除算法偏见产生并造成危害的可能性。但我们并不会因此而彻底放弃算法，我们真正需要做的是改造它、完善它、驯化它、驾驭它，让它更好地服务于人类社会，让它无限地趋近于理想状态下的技术理性。也只有这样，我们才能在包括新闻传播在内的各大领域更广泛、更安全、更放心地运行各种各样的算法。

重要术语

算法偏见　选择偏见　算法黑箱　用户惰性　元算法　技术理性

① 弗洛里迪.第四次革命：人工智能如何重塑人类现实[M].王文革，译.杭州：浙江人民出版社，2016：236.

思考题

1.算法偏见与社会偏见之间存在哪些关系？

2.算法一般会在哪些环节产生偏见？

3.结合实际案例谈谈用户惰性。

4.你是如何理解算法黑箱的？算法黑箱带来哪些问题？

5.结合所学知识，谈谈“元算法”该如何理解？“元算法”主要在哪些层面对于算法偏见进行规避？

第十一章　智能媒体大时代

今天用户看到的大量内容(新闻、娱乐、图片、视频、广告等)都是由算法自动推荐的,而不是由某一位编辑或者某一个互联网的算法工程师推荐的。但由于推荐算法本身太过于复杂,以致尽管大多数用户知道自己是被"计算"或者"算计"过的,他们也仍然不愿意花一点时间来了解一下推荐系统究竟怎样影响了他们切身的内容消费。精通于推荐系统的数据工程师或者算法工程师当然知道它的运行方式,但是向不求甚解的用户或者曾经专注于内容创作和编辑的传统媒体人解释清楚这件事,仍然需要花费大量的时间和口舌。

但是,算法已经渗透到我们传媒产业从内容生产到信息分发的几乎每一个环节,全国至少有三分之一以上的人群是通过算法的帮助来进行内容消费的。包括今日头条、抖音、一点资讯甚至微信公众号等在内的自媒体内容,其流量也有相当大的比例是来自推荐系统。当然,这个数据根据不同的自媒体平台是有差异的,对今日头条而言可能会超过90%,而正在变革中的微信公众号大约会在30%以下。尽管学术领域和精英人士对于内容推荐系统和算法的价值观问题还抱持着强烈的批判态度,同时其本身也的的确确存在这样那样还有待继续完善的问题,但是对任何一个传媒产业的从业者而言,无论是传统媒体人还是新媒体人,我们都要彻底摒弃对不了解的东西心怀恐惧的心理,转而应该主动地去了解大数据、人工智能、机器算法、推荐系统等正在颠覆传媒产业的各种新技术、新思维、新方法和新逻辑。我们只有不断地提升自己的认知水平,才能够在如火如荼的推荐算法、智能媒体、计算传播学浪潮中做出相应的改变甚至革命,从而使自己的能力与时代的变化保持高度的同步。

第一节 拥抱智能媒体大时代

事实上,在经历了互联网、移动互联网以及如火如荼展开着的物联网三次大潮洗礼之后,我们正在进入一个"智能+"新时期,在这样的语境下,智能媒体和计算传播等全新的概念迅速成为新闻传播领域备受关注的前沿话题。尽管智能媒体和计算传播学依然处在萌芽时期，但业界和学界都饱含热情地勾勒出了可预见的未来社会的传播新图景：所有的媒体服务越来越人性化和个性化，它们会更贴心地与所有用户进行互动，会帮助人类更好地处理信息超载环境下的内容生产与消费，会因时制宜、因地制宜、因人制宜、因场景制宜地解决与信息相关的各类问题。

这种全新的算法驱动的智能建构时代已经开始对我们的生活、工作、社交产生深刻的影响，它激发着媒体领域的从业者去探索一个全新智能媒体时代的计算传播学，这已经成了迫在眉睫的事情，而不是 50 年或者 100 年之后的事情。就好像早在 20 世纪末开始席卷全球的互联网那样，当年任谁都不会想到它会在短短的 20 年时光里就彻底颠覆了整个世界的底层代码；又好像苹果手机的发明那样，当年任谁都不会想到它会在短短的 10 年时光里将全球数十亿人口连接到了移动互联网的巨型大网之中。

在今天的智能媒体大时代，我们正将地球上的每一个人、每一件物品、每一项进程、每一场活动连接到一个万物互联的网络之中，而在其中的每一个节点，凡是能够负载信息、传播信息、重构信息的，便都具备了媒体的属性，它们共同构成了智能媒体的基本生态。事实上，当我们谈论智能媒体的时候，我们指的是所有节点共同构成的这个生态体系，而不是其中的某一件智能终端或者某一个智能节点，只有在万物互联的智能生态中，每一个媒体终端或者节点才可能是智能的，否则其智能就无从谈起。事实上，随着整个智能生态与所有节点的协同进化，我们今天所看到的智能媒体雏形，将会在未来 10 年中以更快的速度更加彻底地改造我们的传媒产业和社会经济。

从 2000 年开始，我国的媒体产业先后经历了三次主要的变革浪潮，第一次是报纸、杂志、广播、电视等传统媒体的数字化与互联网化，也就是在这个时候，新媒体的概念快速地深入每一位媒体从业者的思想之中。门户网站、视频网站、社交网站等先后发展起来，而四大传统媒体也在这一波的浪潮中逐渐地完成了它们的转型与升级。第二波浪潮是各大媒体的移动互联网化与数据化，随着智能手机和大数据两个领域均取得了实质性的突破，媒体从业者也开始意识到互联网红利趋于饱和之后的下一个战场——移动互联网红利和大数据红利。于是无论所谓的传统媒体还是所谓的新媒体，都纷纷抢滩移动终端并补足自身的数据能力。而我们当前正在经历的则是第三次浪潮，那就是今天几乎所有的媒体都越来越重视对大数据计算能力的提升以及智能化水平的建构。

第二节 面向用户的个性化信息服务

当然，无论是互联网化、移动化、智能化，还是数字化、数据化、算法化，都不是媒体进化路径的终点，智能媒体也只不过是媒体形态的下一站或者高级阶段，而绝非终极形态。政府一直强调数字中国的建设，推动实体经济和数字经济融合发展，加快传统产业的数字化、智能化。这样的要求和愿景放在媒体领域同样适用，伴随着技术推动的媒体进化路线，我们一只脚已经迈进了智能媒体的时代大门。在我们向着高级阶段迈进的过程中，大数据、云计算、智能算法、深度学习等本轮信息技术革命中成熟起来的核心技术集群是它的基础设施，数据化新闻、程序化广告、个性化推荐、虚拟化现实、精准化营销等是它的应用表现。

随着车联网、物联网、产业联网等更多领域取得突破性的进展以及5G时代的加速降临，将会有越来越多被嵌入智能要素的软硬件具备媒体的属性，从而使得智能媒体形成一种泛在的状态，例如用户生活中的冰箱、洗衣机、餐桌、墙体、汽车等设备都因为安装了某种柔性的智能屏幕而变成了餐厅中的媒体、客厅中的媒体、卧室中的媒体、公路上的媒体、轮子上的媒体，而且这些媒体不但与作为基础设施的泛在智能网络相连接，还会彼此相连并建立起一个以某位具体用户为服务对象和网络中心的个性化网络，它们都存储了与这位用户相关的大量数据，其目的也是通过对这些数据的相互开放和深入挖掘为这位用户提供更加个性化的媒体服务和信息消费。当这位用户每一分钟切换一个不同的场景的时候，它们就会根据已经掌握的历史记录对用户的未来行为和信息需求进行预测，从而更好地满足他在下一个场景中的具体信息需求和内容偏好。

麦克卢汉曾经说媒介即信息、媒介是人体的延伸，经过半个多世纪的技术革命和产业演化，在今天的智能媒体大时代背景下，麦克卢汉的预言应该做出相应的调整了，我们可以说媒介即服务、媒介是人体和灵魂的延伸。凡是涉及媒介信息、内容产品的生产、分发、消费和互动的所有动作都演变成了一种更加个性化的服务，凡是个性化、人性化和智能化的媒体服务，都同时在体验上满足了人体和灵魂两方面的需求。如果说印刷术建立了媒体社会的文字文明，广播电视建立了媒体社会的影像文明，互联网、移动互联网建立了媒体社会的数字文明，那么下一阶段的媒体文化乃至人类文明则必将建立在数据、算法和人工智能的基础上，它将会是一种全新的社会文化形态，而这一切实际上才刚刚开始，一切都还有待重新解读。

第三节 智能媒体时代的重新解读

一、重新解读媒体

首先，我们需要重新反思什么是媒体。尽管我们每个人都能说出几种媒体类型来，比如报纸、杂志、互联网等，我们会认为它们是某种媒体类型；再比如文字、图片、声音、视频等，我们会认为它们是某种表现形式；又如报纸专栏、广播节目、影视剧作、网络综艺等，我们会认为它们是某种媒体产品。确凿无疑的是，这些都可以归为媒体的范畴。但是，当被问到飞机、汽车、冰箱、洗衣机算不算媒体的时候，我们通常会认为它们不是。主要的原因在于，整体而言，它们的主要功能并不是传递信息。

然而，随着这些工具越来越多地安装了智能屏幕，其存储、传播、生产乃至消费信息的功能逐渐提升，其原来的主要功能变为一种基础功能，这时候很多用户对它们的媒体属性就会越来越看重。比如一台汽车的联网功能、影像功能、娱乐功能等，这个时候这台车就变得越来越像一种媒体了。看得再远一些，当一台无人驾驶汽车不再需要司机的时候，用户使用这台车的基本功能是出行，但用户待在这台车中的几十分钟甚至数个小时的时间则是借助这台车的媒体功能在进行信息传播活动或者娱乐休闲活动。在这个逻辑意义上，这台车就是一种装在轮子上的媒体了。

让我们再来重新看一下媒体的定义：媒体（media）一词来源于拉丁语 medius，音译为媒介，意为两者之间。媒体是传播信息的媒介，它是指人借助用来传递信息与获取信息的工具、渠道、载体、中介物或技术手段。也可以把媒体看作实现信息从信息源传递到受信者的一切技术手段。媒体有两层含义，一是承载信息的物体，二是指储存、呈现、处理、传递信息的实体。这样看来很明显的一个事实就是，今天的媒体定义正在从传统的四大媒体、互联网、移动互联网等狭义视角中挣脱出来，它的内涵和外延发生了重大的转变，在万物互联的智能时代，我们每个人都是一个媒体节点，每一件事物都具备成为媒体的可能性。因为无论是人还是物，都具备了承载和处理信息的强大能力，这种能力是大数据和智能算法所赋予的，这种能力就是计算能力。算法作为数据与人工智能的节点，发挥着构造流量入口、捕捉用户黏性的关键作用。①

二、重新解读传播

其次，我们需要重新反思什么是传播。过去的传播经常会停留在新闻报道、舆论宣传、产品推广、广告轰炸等具体形式上面，它所采用的也是一对多的广播模式或者有计划、有步骤的网络传播逻辑。但无论是大众传播还是网络传播，其本质都是“人找信息”。试想一下，我们去报刊亭购买一份《中国经营报》，是不是“人找信息”？再想一下，我们拿着电视机的遥控从频道 1 开始按键一直按到最后一个频道再跳回频道 1，是不是“人找信息”？还有，我们通过百度、谷歌搜索某一条新闻资讯，我们通过京东、天猫搜索某一件商品，是不是“人找信息”？都是。

事实上，传播学这些年来一直都在研究的问题就是怎样进行有效的信息传播，我们来看传播的定义：传播是指两个相互独立的系统之间，利用一定的媒介和途径所进行的、有目的的信息传递活动。信息传播过程是一种信息分享过程，双方都能在传递、交流、反馈等一系列过程中分享信息，在双方的信息沟通的基础上取得理解，达成共识。在这个意义上，我们会发现传播本身具有目的性、互动性和分享性，而实现传播的目的、互动和分享的方式大致有两种：一种是我们前面所说的搜索，也就是“人找信息”；另一种是与之相反的思路——过滤，也就是“信息找人”。

在“信息找人”这个方面，我们使用最多的两个应用程序，在朝着两种不同的过滤方向演进，它们分别是微信的朋友圈和今日头条的推荐。朋友圈是一种基于社交关系的信息过滤，它的基本假设是，你的朋友喜欢的信息通常你也有可能会喜欢，因此，朋友圈中展现在我们眼前的信息流都是我们的朋友生产、分享或转发的信息。今日头条的算法推荐是基于大数据和人工智能技术的一种信息过滤，它的基本假设是，阅读量高的信息应该被推荐给更多的具有某种特征或打了某一标签的用户，而你的阅读历史记录则是系统向你推荐具体内容的重要数据参考，因此它为你量身定制的推荐频道中几乎都是与你经常点击的内容高度相似或相关的内容。从“人找信息”到“信息找人”的传播逻辑变化，并不只是人与信息在传播公式中位置的简单变化，更重要的是这种

① 喻国明，杨莹莹，闫巧妹.算法即权力：算法范式在新闻传播中的权力革命[J].编辑之友，2018(5)：5-12.

变化反映了基于智能媒体的信息生产方式、内容消费方式和用户娱乐方式的本质变化。

三、重新解读广告

再次,我们需要重新思考什么是广告。大众传播时代的广告是一种轰炸效应,一则电视广告每天晚上在固定的时段面向全国的观众播出,轰炸得久了,品牌的知名度就建立起来了,用户想要购买某种商品的时候会首先想到某某"品牌"。但是广告主一直在讲一句话:"我知道我的广告费用有一半是浪费了的,但是我不知道是哪一半。"

互联网技术的快速发展给了广告主更精细化管理其预算的可能性——可以针对不同的用户进行不同的广告投放。也就是从这个时候开始,广告的媒介购买方式逐步从购买版面或时段等资源向着购买不同的用户群体转变。我们不能低估这种转变,正是这种转变开启了程序化广告的新时代,使得广告主在进行广告投放的时候目标更明确、预算更精细、效果更可测量。比如,场景化的广告投放能够根据用户所处的不同场景进行精准的信息匹配,用户所处的位置、状态、情绪,用户以往购买的产品、品牌、服务,用户对内容的兴趣、喜恶、偏好,用户对广告的所采取的态度、动作等,都会直接影响到每一次的程序化广告投放行为。当广告的投放越来越精准、越来越个性化、越来越符合用户需求的时候,其营销甚至促进购买的效果就会越来越明显。这个时候的广告与内容、场景和用户需求较为完美地匹配或融合在了一起,它更像是一种原生广告:广告即内容,内容即广告。①

与此同时,电商化使得用户从接触广告信息到完成交易行为的时间和空间被极大地压缩了,数据化使得广告主和广告公司对目标用户的画像变得越来越清晰了,场景化使得我们能够以更加精准、更加个性化的方式与用户进行更加即时有效的互动了。再加上今天各大互联网公司如火如荼布局的新零售革命,它不但打通了线上线下的数据,而且实现了高效完成最后一公里的物流。在这样的前提下,我们重新思考广告的时候,会发现,不能把它仅仅局限为一种简单的媒介资源购买行为或者产品营销手段,而是应该从整体战略层面把它看成产品运营或者企业运营的一个环节,它随着媒介的

① 刘庆振.媒介融合新业态:数字化内容与广告融合发展研究[J].新闻界,2016(10):55-59,72.

智能化进程的推进和数据计算能力的提升而变得越来越重要。

第四节 结语

今天,一切无法提供智能化服务的媒体都是传统媒体,无论它是报纸杂志,还是广播电视,抑或是互联网移动互联网。曾经有一句话说,第一代互联网公司的从业者已经老了,这也就意味着曾经被认为是新媒体的门户网站、博客网站乃至视频网站都正在变得越来越传统和保守。有人把那段辉煌的历史称为传统互联网时代,更尖锐一点的称呼叫作古典互联网时代。由此可见,无论是什么媒体类型,如果不紧跟数字化、数据化、智能化的时代大潮,都有可能沦为传统媒体。当然,这并不意味传统媒体经历了数十年甚至上百年发展历史所积累下来的经验和精髓就变得毫无价值了,那些新闻专业主义的理念、那些内容创作的手法、那些舆论分析的逻辑,依然发挥着重要的作用和价值。只不过,当我们伴随着智能媒体革命进入一个全新的历史阶段的时候,技术所起的作用变得越来越重要了。任何人都不应该忽视技术的价值,它会帮助我们解决很多过去我们无法解决的问题,智能媒体亦是如此。

重要术语

智能+　广告即内容　媒体变革浪潮　信息找人　人找信息　产业联网

思考题

1.结合所学知识,谈谈智能媒体大时代有哪些显著特点?

2.我国的媒体产业先后经历了哪几次主要的变革浪潮?

3.智能媒体时代,我们该如何认识媒体?

4.智能媒体时代,传播有哪些新变化?

5.智能媒体时代,广告有哪些新可能?

图书在版编目(CIP)数据

智能媒体导论/安琪,刘庆振,许志强编著.--北京:中国传媒大学出版社, 2022.3(2024.8 重印)
ISBN 978-7-5657-3176-1

Ⅰ.①智…　Ⅱ.①安…②刘…③许…　Ⅲ.①传播媒介-研究　Ⅳ.①G206.2

中国版本图书馆 CIP 数据核字(2022)第 041416 号

网络与新媒体专业"十四五"规划教材

智能媒体导论

ZHINENG MEITI DAOLUN

编　著	安　琪　刘庆振　许志强
责任编辑	沈刘红
封面设计	拓美设计
责任印制	李志鹏

出版发行	中国传媒大学出版社		
社　址	北京市朝阳区定福庄东街 1 号	邮　编	100024
电　话	86-10-65450528　65450532	传　真	65779405
网　址	http://cucp. cuc. edu. cn		
经　销	全国新华书店		

印　刷	唐山玺诚印务有限公司
开　本	787mm×1092mm　1/16
印　张	11.75
字　数	196 千字
版　次	2022 年 3 月第 1 版
印　次	2024 年 8 月第 2 次印刷

书　号	ISBN 978-7-5657-3176-1/G・3176	定　价	46.00 元

本社法律顾问:北京嘉润律师事务所　郭建平